T0198933

essentials

essentials liefern aktuelles Wissen in konzentrierter Form. Die Essenz dessen, worauf es als „State-of-the-Art" in der gegenwärtigen Fachdiskussion oder in der Praxis ankommt. *essentials* informieren schnell, unkompliziert und verständlich

- als Einführung in ein aktuelles Thema aus Ihrem Fachgebiet
- als Einstieg in ein für Sie noch unbekanntes Themenfeld
- als Einblick, um zum Thema mitreden zu können

Die Bücher in elektronischer und gedruckter Form bringen das Expertenwissen von Springer-Fachautoren kompakt zur Darstellung. Sie sind besonders für die Nutzung als eBook auf Tablet-PCs, eBook-Readern und Smartphones geeignet. essentials: Wissensbausteine aus den Wirtschafts-, Sozial- und Geisteswissenschaften, aus Technik und Naturwissenschaften sowie aus Medizin, Psychologie und Gesundheitsberufen. Von renommierten Autoren aller Springer-Verlagsmarken.

Weitere Bände in der Reihe http://www.springer.com/series/13088

Wolfgang Ehringer

Instrumente zur Strategieentwicklung

Methodische Unterstützung für Praktiker

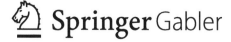

Springer Gabler

Wolfgang Ehringer
PALFINGER AG, Bergheim
Österreich

ISSN 2197-6708   ISSN 2197-6716 (electronic)
essentials
ISBN 978-3-658-32687-6   ISBN 978-3-658-32688-3 (eBook)
https://doi.org/10.1007/978-3-658-32688-3

Die Deutsche Nationalbibliothek verzeichnet diese Publikation in der Deutschen Nationalbiblio-
grafie; detaillierte bibliografische Daten sind im Internet über http://dnb.d-nb.de abrufbar.

Planung/Lektorat: Ulrike Lörcher
Springer Gabler ist ein Imprint der eingetragenen Gesellschaft Springer Fachmedien Wiesbaden
GmbH und ist ein Teil von Springer Nature.
Die Anschrift der Gesellschaft ist: Abraham-Lincoln-Str. 46, 65189 Wiesbaden, Germany

Was Sie in diesem *essential* finden können

- Das Wichtigste für den Umgang mit dem Begriff „Strategie"
- Den Überblick über einen modernen Strategieprozess
- Effektive Instrumente, die alle wesentlichen Bereiche der Unternehmens- und Umweltanalyse abdecken
- Richtungsweisende Instrumente für die schriftliche Formulierung von Strategien
- Handlungsempfehlungen und ein stringentes Beispiel bei jedem Instrument zur friktionsfreien Überleitung in Ihre Situation

Inhaltsverzeichnis

Einleitung 1

Strategisches Management umfasst das Bestreben, durch richtige Entscheidungen ein Unternehmen so auszurichten, dass es auch in Zukunft erfolgreich sein wird. Diese Entscheidungen sind wegen der langfristigen Wirkung untrennbar mit großer Unsicherheit verbunden. Daraus resultierend sind Managerinnen und Manager[1] dazu angehalten, die Prozesse zur Entscheidungsfindung durch methodische Unterstützung zu fundieren und abzusichern. Dabei bieten jene Instrumente für die unternehmerische Praxis einen großen Nutzen, die in enger Verflechtung mit wissenschaftlicher Forschung entstanden sind.

Dass Publikationen im Bereich Management des Öfteren einen Bezug zum doch sehr breiten Instrumentarium der Betriebswirtschaftslehre aufweisen, ist aufgrund des praktischen Mehrwerts wenig überraschend. Gerade die Bereitstellung von einfachen Methoden erlaubt das Handeln nach fundierten Erkenntnissen in der Praxis. Aus dieser Bedeutung heraus ist auch das Angebot an Literatur zu erklären, das sich in Form von Kompendien schwerpunktmäßig mit den unterschiedlichen Tools beschäftigt.[2] Der wahre Benefit einer kompakten Lektüre liegt nicht nur in der effizienten Aufbereitung für Anwender, sondern auch in der Empfehlung, welche Tools einen Strategieprozess sinnvollerweise begleiten. Gewiss führt dieser bewusst vernachlässigte Anspruch auf Vollständigkeit dazu, dass für einige erfahrene Leser bestimmte Tools fehlen – doch diese lassen sich in den Prozess problemlos integrieren. Ohnehin ist die Wahl der Instrumente auf die Anforderungen und die Situation des Unternehmens abzustimmen.

---

[1]Zum Zwecke der besseren Lesbarkeit wird in weiterer Folge die männliche Form verwendet.
[2]Siehe z. B. Nagel und Wimmer (2014), Paul und Wollny (2020) oder von der Gathen (2014).

Das vorliegende Essential unterstützt bei der Vorbereitung und Durchführung von effektiven Strategieentwicklungsprozessen, indem etablierte Methoden der Analyse- und Formulierungsphase kompakt und mit einem durchgehenden Beispiel vorgestellt werden. Um dem Prinzip eines roten Fadens besonders Rechnung zu tragen und eine schlüssige Lektüre anzubieten, wird entlang des Strategieentwicklungsprozesses das jeweils relevanteste Instrument präsentiert. Dadurch ergibt sich der Vorteil, dass sämtliche dargestellten Tools in einem geplanten Strategieprozess angewendet werden können und auch sollen. Eine derartige strukturierte Herangehensweise wird auch von Harburger (2019, S. 7) unterstützt, der gleichermaßen dafür plädiert, Strategietools nicht isoliert einzusetzen.

Strategiearbeit ist vielfältig, ja selbst der Strategiebegriff wird von Personen in den unterschiedlichsten Varianten verwendet. Daher ist es wichtig, zunächst in Kap. 2 ein gemeinsames Verständnis von Strategie hinsichtlich ihrer Ebenen und dem dazugehörigen Prozess zu schaffen. In weiterer Folge werden acht Instrumente der strategischen Analyse beschrieben (Kap. 3) – sie decken alle zentralen Analysebereiche vom Unternehmen hin zu dessen Umwelt ab und sind Ausgangspunkt einer soliden Strategie. Daran anschließend werden in Kap. 4 vier zentrale Instrumente für die Strategieformulierung aufgezeigt – sie geben Richtung und Impulse vor, wie aus den Analyseergebnissen eine professionelle Strategie abgeleitet werden kann.

Die hier präsentierten Instrumente werden einheitlich aufbereitet: Nach einer kurzen Einleitung zur Einordnung in den Kontext werden die zentralen Bestandteile des Modells beschrieben und eine Vorgehensweise für dessen praktische Anwendung vorgeschlagen. Konsekutive Beispiele – wenngleich inhaltlich limitiert – vereinfachen das Übertragen der Tools in individuelle Situationen.

Beispiel

Für diese Beispiele ziehen wir ein fiktives Unternehmen heran: Die *Vy Technologie GmbH,* einen führenden Anbieter von Sensoren für Kraftfahrzeuge (KFZ) in der DACH-Region.

Die Umsätze werden mit der Entwicklung, Produktion und dem Verkauf von hochqualitativen Positions-, Druck-, Drehzahl- und Temperatursensoren realisiert, die in unterschiedlichen Bereichen von KFZ zur Anwendung kommen. 90 % der Kunden sind Tier 1-Lieferanten für namhafte Fahrzeughersteller, die zum restlichen Teil auch direkt beliefert werden.

Das 1995 von Victor Yaspis gegründete Unternehmen erwirtschaftet mit 130 Mitarbeitern einen Jahresumsatz von rund 22 Mio. EUR. Kernfunktionen

des Unternehmens sind die Entwicklung und Produktion. Der Sitz befindet sich im deutschen Wiesbaden bei Frankfurt.
Das Leitbild lässt sich wie folgt zusammenfassen:

- Vision: Fahrzeuge sollen langfristig mit störungsfreier Elektronik ausgestattet sein, um die Sicherheit bei besonders herausfordernden Situationen zu gewährleisten.
- Mission: Unser Fokus liegt in der Bereitstellung innovativer Komponenten, die sich stets an den Entwicklungen der Fahrzeugbranche orientieren. Dabei agieren wir als strategischer Partner für namhafte Hersteller und überzeugen sie mit unserer Expertise.
- Werte: Zuverlässig, innovativ, engagiert, kritisch, endkundenorientiert

Für das Unternehmen und einzige Geschäftsfeld (Sensoren im Allgemeinen) soll nun eine 5-Jahres-Strategie entwickelt werden. Zentrales Ziel ist es, nachhaltig profitabel zu wachsen.◄

Auftakt für die erfolgreiche Strategiearbeit

2

2.1   Stichwort Strategie

Der sprachliche Ursprung von Strategie liegt im Altgriechischen, wo „stratēgós" als Begriff für die Heeresführung verwendet wurde. Diese Verbindung zum Militärischen blieb, bis vor allem Chandler (1962), Ansoff (1965) und Andrews (1971) in historischen Arbeiten den Strategiebegriff betriebswirtschaftlich prägten (Cummings 1993, S. 133; Guerras-Martín et al. 2014, S. 69). Strategie meint – damals wie heute – einen bewussten Plan, nämlich die langfristige Unternehmensplanung. Dieses Konzept wurde speziell von Porter (1980, 1985) mit der Einbindung des wettbewerblichen Umfeldes ergänzt, was als erstes Formen des „Strategischen Managements" interpretiert werden kann (Grant und Jordan 2015, S. 9).

Einen wichtigen Beitrag zur Definition von Strategie leistete Henry Mintzberg (1987, S. 11 ff.), indem er diese zwar 1) als Plan für die Ausrichtung des Unternehmens respektierte, aber auch 2) als Trick zur Irreführung von anderen Marktteilnehmern, 3) als Muster vergangener Entscheidungen, 4) als Positionierung am Markt und 5) als Perspektive für interne Stakeholder. Diese Interpretationsvarianten zeigen die Breite des Strategiebegriffs, die sich empirisch jedoch insofern relativiert, als dass Strategie für Top-Manager primär mit der Unternehmensplanung zu tun hat (Ehringer 2019, S. 27), die wiederum eine positive Korrelation mit der Profitabilität aufweist (Arend et al. 2017, S. 1747).

Worum geht es jetzt eigentlich in einer – oder noch besser: *der* – „Strategie"? Tatsächlich gibt es vom Grundsatz her nicht die *eine* Strategie, wenngleich eine inflationäre Verwendung des Strategiebegriffs dies suggerieren könnte. Strategien werden auf unterschiedlichen Ebenen formuliert, agieren parallel und auch in Wechselbeziehung zueinander. De Wit und Meyer (2010, S. 8 ff.) differenzieren hier in eine Netzwerk-, Unternehmens-, Geschäftsfeld- sowie funktionale Ebene. Diese Ebenen voneinander abzugrenzen sorgt immer wieder für Schwierigkeiten, gerade zwischen Unternehmens- und Geschäftsfeldstrategie. Zu Recht, denn die Unternehmensstrategie im engeren Sinn balanciert die Ressourcen der unterschiedlichen Geschäftsfelder aus und gerade das ist bei Unternehmen, die in nur einem Geschäftsfeld aktiv sind, nicht erforderlich. Daher entspricht die Geschäftsfeldstrategie in vielen Fällen der Unternehmensstrategie und vice versa. Abb. 2.1 zeigt die Unterschiede der Strategieebenen.

Diese Strategien sind inhaltlich voneinander abzugrenzen, daher können sie – unter Berücksichtigung der Abhängigkeiten – ebenfalls separat formuliert werden. Diese Abhängigkeiten ergeben sich im Prinzip aus der Dominanz von Unternehmens- und Geschäftsfeldstrategie, die eng mit dem Business Model und somit mit der Wertschöpfung verknüpft sind und daher den Kern der Strategiearbeit bilden. Unstrittig ist, dass funktionale Strategien von den anderen abgeleitet werden. Demnach wäre etwa die Entwicklung einer Vertriebsstrategie ohne Existenz und Bezug zu einer Unternehmensstrategie ein sehr unsicheres Unterfangen.

Netzwerkstrategie

- Bezogen auf die Zusammenarbeit mit anderen Unternehmen
- *Beispiele: Kooperationsstrategie mittels Joint Venture / strategischer Allianz / Unternehmensnetzwerk*

Unternehmensstrategie

- Bezogen auf den Konzern / die Gruppe / Holding
- *Beispiele: Wachstumsstrategie, Stabilisierungsstrategie, Desinvestitionsstrategie, Kapitalmarktstrategie*

Geschäftsfeldstrategie

- Bezogen auf eigenständige Geschäftsbereiche oder operative Einheiten innerhalb des Unternehmens, die einen spezifischen Markt bearbeiten
- *Beispiele: Wettbewerbsstrategie mittels Kostenführerschaft / Differenzierung / Nische*

Funktionale Strategie

- Bezogen auf Abteilungen / Fachbereiche innerhalb des Unternehmens
- *Beispiele: Beschaffungsstrategie, Produktionsstrategie, Vertriebsstrategie, Marketing- und Markenstrategie, Innovationsstrategie, Personalstrategie, IT-Strategie*

Abb. 2.1 Strategieebenen. (Quelle: Autor)

Als zweckmäßig erweist sich die Erarbeitung und Abstimmung sämtlicher relevanter Strategien in einem gesamthaften, integrierten Prozess, dem *holistischen Strategieprozess*[1]. Ergebnis dieses Prozesses wäre ein in sich schlüssiges Strategiepaket, das sämtliche erforderlichen Einzelstrategien beinhaltet, sodass sich alle wesentlichen Fragen des operativen Managements daraus ergeben.

2.2 Der Weg zur Strategie

Um den grundsätzlichen „Prozess, in dessen Mittelpunkt die Formulierung und Umsetzung von Strategien in Unternehmungen steht" (Welge et al. 2017, S. 24) geht es schließlich im *Strategischen Management*. Diese Managementebene ist nach Bleicher (1991, S. 4 ff.) das Bindeglied zwischen normativem und operativem Management und erfüllt daher eine zentrale Aufgabe in der Steuerung von Unternehmen (siehe auch Tab. 2.1).

Ein kompletter Strategieprozess folgt im Wesentlichen einem einfachen Managementprozess mit den Phasen Analyse, Planung, Umsetzung und Kontrolle – bezogen eben auf Strategien. Gewiss sind diese Phasen mit sehr vielen, teils komplexen Aspekten ausgestattet, weshalb es wichtig ist, die Möglichkeiten an zur Verfügung stehenden Methoden und Inhalten auszuschöpfen.

Bei der Formulierung von Strategien existieren zahlreiche Ansätze.[2] Im Vordergrund soll aber eine analytische, formale oder konzeptionelle Vorgehensweise stehen (Mintzberg et al. 2009, S. 5). Diesen Anforderungen nachzukommen, ist mit einem State-of-the-art-Strategieprozess, wie dem in Abb. 2.2, unproblematisch.

In engem Verhältnis mit der normativen Komponente werden zunächst übergeordnete strategische Ziele definiert, die ein Unternehmen mit der geplanten Strategie erreichen möchte. Daran anknüpfend findet eine umfassende *strategische Analyse* mit Fokus auf das Unternehmen (intern) sowie dessen externe Umwelt statt. Nach dieser Erhebung des Status quo werden im Rahmen der *Strategieformulierung* Optionen identifiziert und deren Auswirkungen (auf strategische Ziele, Geschäftsfelder, Funktionen, Stakeholder, Kapitalbedarf etc.) als auch die Umsetzbarkeit überprüft/bewertet. In weiterer Folge wird eine Strategieoption oder Kombinationen daraus ausgewählt und mit speziellem Blick auf die

---

[1]Ein etwas differenziertes Verständnis hat Messerer (2012), der sich mit seiner holistischen Strategiearbeit auf die Integration von Strategieentwicklung und -umsetzung bezieht.
[2]Siehe dazu Mintzberg et al. (2009) mit den zehn bekannten Denkschulen.

Tab. 2.1 Managementebenen. (Quelle: Autor)

Ebene	Schwerpunkt	Beschreibung	Zeithorizont
Normatives Management	Leitbild	Der erste Orientierungsrahmen eines Unternehmens wird in der Regel mittels Leitbildes skizziert. Es beinhaltet Vision, Mission als auch Werte und erläutert darin insbesondere übergeordnete Ziele, Daseinsberechtigung und Selbstverständnis der Organisation	10–30 Jahre
Strategisches Management	Strategien	Strategische Ziele und Strategien werden mithilfe des Leitbildes auf unterschiedlichen Ebenen formuliert. Strategien dienen dann als konkrete Pläne, um die strategischen Ziele zu erreichen und ein Unternehmen weiterzuentwickeln	5–10 Jahre
Operatives (und taktisches) Management	Maßnahmen	Maßnahmen beschreiben die spezifischen, relativ kleinteiligen Handlungsschritte, die nötig sind, um die Strategien zu operationalisieren und so zu realisieren	0–5 Jahre

Maßnahmenpakete und Finanzplanung konkretisiert. Das Ergebnis daraus ist eine fertig formulierte und implementierungsfähige Strategie.

Die Phase der *Strategieimplementierung* markiert die zweite Hälfte des Strategischen Managements. Dabei wird die vorhandene Strategie in operative Elemente, also konkrete Maßnahmen heruntergebrochen und die Aufgaben verteilt. Je nachdem, wie stark der Umbruch durch die neue Strategie für die Organisation ausfällt, sollten Methoden des Change-Managements die Implementierung begleiten, um die neue Stoßrichtung bei den Mitarbeitern bestmöglich zu verankern. Die Akzeptanz bei den Beteiligten ist ohnedies ein essenzieller Erfolgsfaktor in der Strategiearbeit.

Der letzte Teilbereich ist die *Strategiekontrolle*. Dabei geht es einerseits um Durchführungskontrollen, die sich auf die Fortschritte der Umsetzung beziehen, andererseits um regelmäßige Strategie-Reviews, um die Gültigkeit der Strategie per se bei sich ändernden Rahmenbedingungen zu wahren. Hierfür ist eine jährliche Frequenz anzustreben.

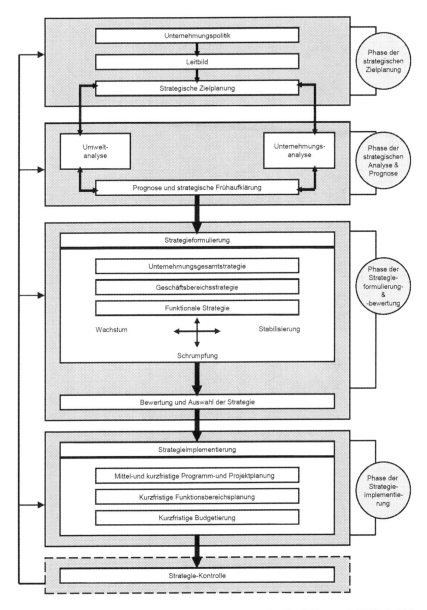

Abb. 2.2   Konzeption des Strategischen Managements. (Quelle: Welge et al. 2017, S. 195; mit freundlicher Genehmigung von © Springer Fachmedien Wiesbaden GmbH 2017. All Rights Reserved)

Instrumente für die Strategische Analyse

3

In diesem Kapitel werden die Instrumente für die Umwelt- und Unternehmensanalyse vorgestellt. Bei der Wahl der Modelle orientieren wir uns an theoretischen Analysebereichen, um einen roten Faden herzustellen.

Die externe Umwelt gliedert sich nach Welge et al. (2017, S. 301 f.) in die folgenden fünf Ebenen:

1. Globale Umwelt (beeinflussende makroökonomische Trends, Abschn. 3.1)
2. Wettbewerbsstruktur (strukturelle Merkmale einer Branche, Abschn. 3.2)
3. Wettbewerbsdynamik (Wettbewerbsprozesse in der Branche)[1]
4. Strategische Gruppen (Positionierung der Wettbewerber, Abschn. 3.3)
5. Konkurrenz (Analyse der Hauptkonkurrenten, Abschn. 3.4)

Bei der internen Analyse geht es darum, was ein Unternehmen erfolgreich macht (Abschn. 3.5) und welche Stärken bzw. Schwächen es besitzt. Welge et al. (2017, S. 360 ff.) sehen bei der Untersuchung der Stärken zwei moderne Zugänge:

1. Ressourcen- und Kompetenzorientierter Ansatz (Ermittlung der Kernkompetenzen, Abschn. 3.6)
2. Wertorientierter Ansatz (Fokus auf Kosten- und Differenzierungsvorteile, Abschn. 3.7)

---

[1] Siehe dazu die Theorie des Hyperwettbewerbs (D'Aveni 1995).

© Der/die Autor(en), exklusiv lizenziert durch Springer Fachmedien Wiesbaden GmbH, ein Teil von Springer Nature 2020
W. Ehringer, *Instrumente zur Strategieentwicklung,* essentials,
https://doi.org/10.1007/978-3-658-32688-3_3

Die populäre SWOT-Analyse (Abschn. 3.8) fasst die Ergebnisse der strategischen Analyse zusammen, weshalb bei den Umweltanalyseinstrumenten auch eindeutige Chancen und Risiken sowie bei den Instrumenten der Unternehmensanalyse Stärken und Schwächen herausgearbeitet werden sollen.

In der gesamten strategischen Analyse ist darauf zu achten, dass die Ergebnisse durch quantitative Daten so gut wie möglich abgesichert sind, um die notwendige Objektivität zu gewährleisten. Ebenso wichtig ist, dass vor Beginn der Analysearbeit klar definiert wird, was Gegenstand der Strategiearbeit ist: Wird eine Strategie für das gesamte Unternehmen, ein Geschäftsfeld, eine Funktion oder ein Netzwerk entwickelt? Wenn es um ein Geschäftsfeld geht (worauf die nachfolgenden Instrumente abzielen), welches Geschäftsfeld steht im Fokus und wie kann es zu anderen Bereichen abgegrenzt werden? Dieser Rahmen muss bei allen nun folgenden Schritten berücksichtigt werden, um eine effektive Strategie entwickeln zu können.

3.1   PESTEL-Analyse

Die PESTEL-Analyse befasst sich mit der Untersuchung von Trends auf globaler Ebene und bildet so einen ersten Anker bei der Transparenzbildung der Unternehmensumwelt. PESTEL stellt ein Akronym aus *political, economical, social, technological, ecological* und *legal* dar – wesentliche Bereiche von Umweltfaktoren für Unternehmen.

Ursprünglich geprägt wurde das Konzept von Farmer und Richman (1965), maßgeblich weiterentwickelt von Fahey und Narayanan (1986), die mit der PEST-Analyse den Grundstein für das heutige Instrument legten. Die Parameter Ökologie und Recht wurden damals noch nicht separat ausgewiesen, sondern im Laufe der letzten Jahre ergänzt. Das Instrument ermöglicht generell eine gewisse Flexibilität hinsichtlich der Schwerpunkte, denn operiert ein Technologieunternehmen etwa im Bereich der Künstlichen Intelligenz, kann es Sinn machen, das Tool um einen ethischen Bereich zu erweitern.[2]

Nachfolgend werden die PESTEL-Kategorien erläutert. Freilich lassen sich immer wieder Themen identifizieren, die nicht eindeutig zuzuordnen sind. Zudem gibt es bestimmte Entwicklungen, die sich nacheinander in unterschiedlichen Umwelten zeigen.

---

[2]Tatsächlich finden sich in der Literatur immer wieder Versuche, eine erweiterte Analyse zu etablieren, etwa in Form von „ESTEMPLE" mit den zusätzlichen Faktoren Ethik und Medien (siehe dazu Angwin et al. 2011, S. 9 f.).

Politische Umwelt In der politischen Umwelt geht es um Entwicklungen auf verschiedenen politischen Ebenen, also um sämtliche den Gesetzgebungsprozessen vorgelagerten Aspekte. Davon abzugrenzen ist die rechtliche Umwelt, in der die *Ergebnisse* der Legislative im Vordergrund stehen. Analysiert wird die politische Umwelt insbesondere mit Blick auf ihre Akteure, staatliche Institutionen, Behörden sowie wichtige Interessenvertretungen. Informationen sind meist vage und unsicher, man könnte sagen „schwache Signale" (Ansoff 1975). Medien, Netzwerke oder auch Lobbyismus sind wichtige Kanäle, um Informationen (z. B. über die politische Stabilität, Handelsabkommen, Handelsbeschränkungen) zu erlangen.

Ökonomische Umwelt Bei der ökonomischen Umwelt stehen volkswirtschaftliche Entwicklungen im Zentrum der Aufmerksamkeit. Diese haben oft einen deutlichen Einfluss auf den Erfolg von Unternehmen und somit auf betriebswirtschaftliche Entscheidungen. Inhaltliche Beispiele zeigen die Relevanz für die Strategie: Steuern, Wechselkurse, Zinssätze, Währungsstabilität bzw. Inflation, Lohnniveau, Arbeitsmarkt, Bruttoinlandsprodukt. Diese Faktoren determinieren maßgeblich, ob etwa ein Markteintritt erfolgt oder die Produktion über Grenzen hinweg verlagert wird.

Soziokulturelle Umwelt Soziale und gesellschaftliche Themen werden im Bereich der soziokulturellen Umwelt gebündelt. Menschen sind geprägt von bestimmten Werten, Kulturen und Ansichten, die sich stetig evolutionär, mitunter auch revolutionär verändern. Der Begriff des „Wertewandels" scheint hier von Welge et al. (2017, S. 304) passend eingestreut. Kollektivistisch betrachtet können aus solchen Trends wertvolle Implikationen für Unternehmen abgeleitet werden. Dabei geht es nicht nur um persönliche Einstellungen hinsichtlich Klimaneutralität, Mobilität oder Work-Life-Balance beispielsweise, sondern ebenso um demografische Inhalte wie Bevölkerungsentwicklung, Bildung, Altersstruktur, Lebenserwartung, Urbanisierung oder Medieneinfluss.

Technologische Umwelt Eine zentrale Dimension für viele Unternehmen ist die technologische, nämlich in strategischer als auch operativer Hinsicht. Die strategische Bedeutung ist gegeben, wenn unternehmensunabhängige technologische Fortschritte neue Erfolgspotenziale schaffen oder deren Realisierung unterstützen (Beispiel Netflix, deren Geschäftsmodell ohne entsprechende Hardware sowie Internetinfrastruktur in der Form nicht umsetzbar wäre). Bezogen auf die operativen Tätigkeiten helfen unterschiedlichste Systeme, etwa Informations- und Kommunikationstechnologien, Arbeitsabläufe effizienter zu gestalten, was sich wiederum positiv auf die Profitabilität auswirkt. Dass technologische Entwicklungen das Wirtschaften zunehmend dominieren, zeigt sich auch durch kürzere Produktlebenszyklen. Weitere Indikatoren zur Evaluierung dieses Umweltaspektes können Patente, Publikationen, Start-up-Konferenzen oder Ausgaben für Forschung und Entwicklung (F&E) sein.

Ökologische Umwelt Die ökologische Umwelt umreißt, was viele unter dem Begriff Umwelt per se verstehen. Doch im Strategischen Management ist die Umwelt sowie das Umfeld weiter zu fassen und die ökologische Dimension stellt nur einen Teilbereich dar, wie PESTEL verdeutlicht. Die ökologische Sphäre fokussiert Umwelt und Nachhaltigkeit. Inhaltlich zählen dazu etwa die Ressourcenknappheit und -verschwendung, Umweltkatastrophen, Energiegewinnung und -verbrauch, Abfall- und Kreislaufwirtschaft sowie auch der Emissionshandel. Die zunehmende Bedeutung von ökologischen Fragestellungen legitimiert die prominente Platzierung dieser Umwelt im Instrument, insbesondere für industrielle Betriebe mit hohem Ressourcenverbrauch.

Rechtliche Umwelt Die rechtliche Umwelt bildet sich aus den rechtsgültigen Gesetzen und Verordnungen der unterschiedlichen politischen Akteure, an die sich juristische sowie natürliche Personen halten müssen. Es handelt sich also weniger um schwache Signale, sondern vielmehr um explizite Regeln, die alle Bereiche betreffen. So ist es wenig verwunderlich, dass es hier häufig zu Überschneidungen mit anderen Kategorien kommt (z. B. Verbraucherrecht, Wettbewerbsrecht, Steuerrecht, Patentrecht, Arbeitsrecht sowie Sicherheitsvorschriften).

Vorgehensweise (in Anlehnung an Ungericht 2012, S. 106)

1. Identifikation potenzieller Einflussfaktoren durch internes Brainstorming, Experteninterviews, Branchenreports, Kongresse, Fachzeitschriften etc.
2. Auswahl und Konkretisierung der für das Unternehmen wesentlichen Einflussfaktoren in Arbeitsgruppen mit relevanten Stakeholdern
3. Beschreibung bisheriger Entwicklungen der definierten Einflussfaktoren und Prognose des zukünftigen Verlaufs mittels Experteninterviews/-panels und Simulationen
4. Ableitung der Konsequenzen (Chancen/Risiken) für das eigene Unternehmen und Abschätzung der Eintrittswahrscheinlichkeit[3]

---

[3]Eine *Probability-Impact-Matrix* hilft, die Eintrittswahrscheinlichkeit mit dem Einfluss auf das Unternehmen gegenüberzustellen und zu visualisieren.

Tab. 3.1 PESTEL-Analyse für Vy Technologie. (Quelle: Autor)

Umweltkategorie	Einflussfaktor und Prognose	Konsequenz	Eintrittswahrscheinlichkeit
Politisch	Staatliche Unterstützung der Elektronikindustrie	Chance auf Subventionen	50 %
Ökonomisch	Steigende Kaufkraft in Osteuropa	Chance auf Umsätze (über KFZ-Absatz)	80 %
Soziokulturell	Tendenz zu E-Mobilität in der Bevölkerung	Chance/Risiko, da andersartige Konstruktion notwendig	90 %
Technologisch	Kürzere Innovationszyklen	Risiko durch Intensivierung des Wettbewerbs	80 %
Ökologisch	Knappheit seltener Erden (v. a. Terbium, Neodym)	Risiko für Produktion von Druck- und Temperatursensoren	60 %
Rechtlich	Mehr Durchgriff bei Produkthaftung	Risiko für heftigere Schadenersatzklagen	60 %

Beispiel

Siehe Tab. 3.1◄

3.2 Branchenstrukturanalyse

Nach der Analyse allgemeiner Entwicklungen im Bereich der globalen Makroumwelt geht die Branchenstrukturanalyse eine Stufe tiefer in Richtung Mikroumwelt. Diese setzt sich verstärkt mit den Kunden, Wettbewerbern und Lieferanten auseinander (Homburg 2000, S. 102) – zentrale Akteure für Unternehmen.

Das wohl prominenteste Modell zur Darstellung der Beziehungen zur Mikroumwelt entwickelte Michael Porter (1980) mit den „Five Forces". Dabei geht es um fünf unterschiedliche Kräfte, die Druck auf ein Unternehmen ausüben und so die Rentabilität der Branche und des Unternehmens determinieren. Abb. 3.1 stellt das Instrument in üblicher Weise dar und beinhaltet neben den oben genannten Gruppierungen auch potenzielle neue Mitbewerber sowie mögliche

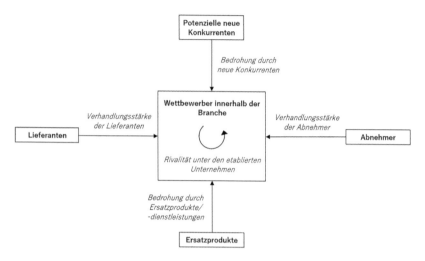

Abb. 3.1 5-Kräfte-Modell. (Quelle: nach Porter 1980, S. 4)

Substitutionsprodukte bzw. -dienstleistungen. Nachfolgend werden diese Kräfte mit Bezug auf Porter (2014, S. 27) wiedergegeben.

Potenzielle neue Konkurrenten Druck vonseiten potenzieller neuer Konkurrenten ist dann gegeben, wenn die Branche attraktiv und der Markteintritt einfach ist. Im Wesentlichen geht es hier um Eintrittsbarrieren, deren Bestehen im industrieökonomischen Sinn Wettbewerbsvorteile begründen und dadurch die Rentabilität und somit Attraktivität der Branche maßgeblich beeinflussen. Eintrittsbarrieren sind für Porter (2013, S. 41 ff.) Skaleneffekte („Economies of Scale"), absolute Kostenvorteile, Produktdifferenzierung, Kapitalbedarf, Zugang zu Vertriebskanälen, Umstellungskosten bei Produktwechsel und politisch-rechtliche Auflagen.

Abnehmer Die wichtigste Schnittstelle eines Unternehmens ist die zu den Kunden, da die Umsätze daraus resultieren. Auch hier gibt es Einflussfaktoren, welche die Gewinnmargen direkt schmälern oder verbessern. Natürliche Forderungen von Abnehmern sind die nach niedrigeren Preisen, höherer Qualität und besserem Service. Sind Kundengruppen verhandlungsstark, werden sie diesen Druck erfolgreich ausüben können. Das lässt sich auf einige wichtige Faktoren zurückführen: Abnehmerkonzentration, Einkaufsvolumen beim Abnehmer („Share of Wallet"),

Produktstandardisierung, Fähigkeit zur Rückwärtsintegration, Markttransparenz und Preissensibilität.

Lieferanten Hinsichtlich der Lieferantenmacht gibt es eine ähnliche, jedoch gespiegelte Logik. Lieferanten verfügen über eine starke Verhandlungsposition, wenn wenige große Lieferanten den Beschaffungsmarkt dominieren, Unternehmen bei wenigen Lieferanten einkaufen (z. B. Single/Dual Sourcing), differenzierte Materialien und Inputfaktoren sowie großes Risiko für Vorwärtsintegrationen und geringe Markttransparenz bestehen.

Ersatzprodukte Die Gefahr, dass Substitutionsprodukte und -dienstleistungen als solche aus anderen Märkten am Heimatmarkt reüssieren, ist eher gering, aber beständig.[4] Das Druckpotenzial wird deshalb als moderat eingeschätzt, weil sich der Kauf von Kernprodukten durch bestimmte Präferenzen von Kunden sowie ein etabliertes Preis-Leistungs-Verhältnis erschließt. Zudem müssen Umstellungskosten gering sein und Abnehmer Substitutionsprodukte in Betracht ziehen. Grundvoraussetzung für die Wahl von Substituten ist, dass dasselbe Bedürfnis befriedigt wird.

Wettbewerber innerhalb der Branche Der Grad des Wettbewerbs trägt entscheidend dazu bei, wie rentabel und somit attraktiv sich eine Branche darstellt. Je höher die Rivalität zwischen Unternehmen, desto mehr Druck wird ausgeübt, wodurch Preiskämpfe in den Vordergrund rücken. Dabei lassen sich einige Faktoren identifizieren, welche die Konkurrenzsituation intensivieren. Dazu zählen viele Marktteilnehmer, geringes Branchenwachstum, Überkapazitäten, fehlende Produktdifferenzierung, heterogene Konkurrenten und Austrittsbarrieren.

Vorgehensweise (in Anlehnung an Paul und Wollny 2020, S. 118 ff.)

1. *Branchendefinition:* Grundsätzlich erfolgt die Eingrenzung auf den Kernmarkt des eigenen Unternehmens (ggf. mithilfe der Substitutionslogik). Darüber hinaus ist es wichtig, die Branchendefinition am Analysezweck zu orientieren, der wiederum von den definierten strategischen Zielen abgeleitet wird (Beispiel Expansion: hier wird weniger der Kernmarkt, als der neue Zielmarkt im Mittelpunkt der Analyse stehen).

---

[4]Märkte lassen sich eigentlich mit dem Begriff der Substituierbarkeit abgrenzen (Grant und Nippa 2006, S. 125 ff.). Substitutionsprodukte müssten daher aus fremden Märkten den Heimatmarkt durchdringen (z. B. Auto- vs. Motorradmarkt).

2. *Analyse der Wettbewerbssituation:* Die Wettbewerbssituation wird anhand der fünf Kräfte evaluiert. Dabei geht es einerseits um die Erfassung aller relevanten Einzelfaktoren, andererseits um deren Beschreibung inkl. Prognose für den Zeitraum der Strategie.

3. *Beurteilung der Branchenattraktivität:* Sind alle relevanten Faktoren abgebildet, werden sie hinsichtlich des Einflusses auf das eigene Unternehmen bewertet. Dabei reicht eine Unterscheidung in gering/mittel/hoch. Nach diesen Einzelbewertungen werden die Kräfte im letzten Schritt noch einmal pauschal bewertet, sodass schließlich der ausgeübte Druck auf das Unternehmen erkennbar wird.

Beispiel

Siehe Abb. 3.2◄

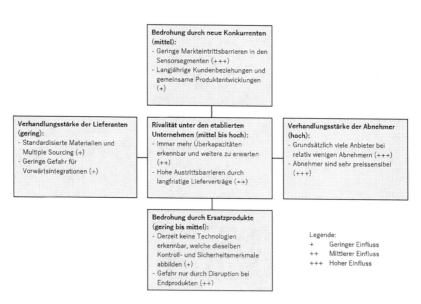

Abb. 3.2 Fünf Kräfte bei Vy Technologie. (Quelle: Autor)

3.3 Strategische Gruppen

Bei den beiden bisherigen Instrumenten lag der Fokus auf der globalen bzw. branchenspezifischen Umwelt und weniger auf den Mitbewerbern per se. Die tiefergehende Analyse der Wettbewerber startet in Form von strategischen Gruppen, da hierbei die „echten" Konkurrenten eines Unternehmens identifiziert werden.

In strategischen Gruppen werden Unternehmen einer Branche zusammengefasst, welche dieselbe Wettbewerbsstrategie verfolgen, sich also ähnlich positionieren und gegenseitig intensiv beobachten (Porter 1979, S. 215). Eingeführt wurde der Begriff von Hunt (1972), der mit diesem Konzept die niedrige Branchenrentabilität bei wenigen Wettbewerbern in der Haushaltsgeräteindustrie zu erklären versuchte. Seine Argumentation war, dass innerhalb der Branche verschiedene strategische Gruppen existieren, die den Markt eben unterschiedlich bearbeiten – manche davon profitabel und manche weniger. Ergänzend dazu ist zu erwähnen, dass sich die bekannten Eintrittsbarrieren (hier: „Mobilitätsbarrieren") je nach strategischer Gruppe unterscheiden. Daraus resultiert die Schwierigkeit für außerhalb der Gruppe agierende Unternehmen, strategische Initiativen von Unternehmen innerhalb der Gruppe nachzuahmen – zumindest nicht ohne erheblichen Kostenaufwand, Zeitbedarf oder großes Erfolgsrisiko (McGee und Thomas 1986, S. 150; Mintzberg et al. 2009, S. 110 f.).

Grundsätzlich dient die Positionierung als zentrales Kriterium zur Abgrenzung von strategischen Gruppen. Allerdings müssen weitere, detailliertere „Wettbewerbsdimensionen" berücksichtigt werden, um einerseits das für die jeweilige Branche richtige Kriterium zu finden und andererseits werden zwei Parameter benötigt, um das Instrument in der klassischen Matrixform abbilden zu können. Bei der Anwendung ist die Definition der richtigen Dimensionen von entscheidender Bedeutung. Zu dieser Frage zeigt eine eingegrenzte Metaanalyse von McGee und Thomas (1986, S. 143 f.), welche Variablen zur Bildung von strategischen Gruppen in unterschiedlichen Branchen herangezogen werden. Diese Erkenntnisse nehmen Paul und Wollny (2020, S. 128) als inhaltlichen Anker bei der Bestimmung von allgemeinen Wettbewerbsparametern: a) vertikale und horizontale Integration, b) geografische Marktabdeckung, c) Marktsegmente, d) Eigentümerstruktur, e) Organisationsgröße, f) Kapazitätsauslastung, g) Kostenstruktur, h) Vertriebskanäle, i) Marketingaktivitäten, j) Markenbesitz, k) Produktvielfalt, l) Produktqualität, m) Technologieverhalten und n) F&E-Fähigkeiten.

Vorgehensweise (in Anlehnung an Grünig und Kühn 2018, S. 107 ff.; Paul und Wollny 2020, S. 127 ff.)

1. *Identifikation der wichtigsten Wettbewerbsdimensionen:* Zu Beginn werden über Experteninterviews die wichtigsten Kriterien zur Abgrenzung von strategischen Gruppen ermittelt. Mit den oben dargestellten allgemeinen Wettbewerbsdimensionen existieren wissenschaftlich fundierte Anhaltspunkte, die in diesen Gesprächen ebenfalls abgefragt werden können. Im Optimalfall werden mindestens fünf relevante Dimensionen identifiziert, da diese in weiterer Folge noch einmal kritisch überprüft werden und womöglich nicht für alle entsprechende Daten vorliegen.

2. *Erfassung der Daten für die wichtigsten Unternehmen der Branche:* Liegen die wichtigsten Wettbewerbsdimensionen vor, werden alle relevanten Unternehmen der Branche anhand dieser Kriterien bewertet (noch ohne Blick auf die Gruppierung). Je nach Dimension sind die Daten über Recherchen, Interviews, Branchenreports etc. zu gewinnen. Eine detaillierte Branchenstrukturanalyse und/oder vorhandene Daten zu Wettbewerbern unterstützen diesen zeitaufwändigen Arbeitsschritt.

3. *Auswahl der beiden zentralen Wettbewerbsdimensionen und Bildung der strategischen Gruppen:* Ausgehend von vollständigen Daten findet nun eine Auswahl der beiden zentralen Kriterien statt. Dabei gilt zu beachten, dass diese a) Renditeunterschiede zwischen den analysierten Unternehmen erklären, b) voneinander unabhängig sind und c) einen Bezug zu den Mobilitätsbarrieren aufweisen.

   Die beiden ausgewählten Dimensionen stellen in weiterer Folge die Achsen auf der Matrix dar und ermöglichen die Einordnung aller analysierten Unternehmen mit deren entsprechenden Daten. Durch diese Einordnung werden die unterschiedlichen strategischen Gruppen der Branche sichtbar und lassen sich zusammenfassen. Ergänzend bietet sich an, die Marktanteile, Umsätze oder durchschnittlichen Gewinnmargen der einzelnen strategischen Gruppen mittels Größe der Kreise zusätzlich darzustellen, um die Marktgröße bzw. -rentabilität zu reflektieren.

4. *Bestimmung der Mobilitätsbarrieren:* Zusätzlich zur Klassifikation der strategischen Gruppen werden die dazugehörigen und mit der Rentabilität in direkter Korrelation stehenden Mobilitätsbarrieren analysiert.[5] Dabei blickt man auf

---

[5]Wie erläutert, liegt dem Konzept der Mobilitätsbarrieren die Theorie der Eintrittsbarrieren (siehe Abschn. 3.2) zugrunde. Analog zu berücksichtigen sind Austrittsbarrieren, insbesondere Investitionen in Anlagen als auch in Produkt- und Prozessinnovationen (Hoyt und Sherman 2004, S. 240 f.).

einzelne strategische Gruppen und versucht, die Hintergründe von Wettbewerbsvorteilen zu eruieren. Wegen des zusätzlichen Analyseaufwandes sollte der Fokus auf der eigenen strategischen Gruppe bzw. besonders attraktiven weiteren Gruppen liegen.

5. *Überwindung von Mobilitätsbarrieren für spezifische strategische Gruppen:* Im letzten Schritt werden erste mögliche Initiativen entwickelt, die dazu in der Lage sind, die entsprechenden Mobilitätsbarrieren zu überwinden. Sonach markiert diese Tätigkeit den nahtlosen Übergang in die Strategieformulierung. Welge et al. (2017, S. 354) nennen in diesem Zusammenhang drei strategische Optionen, nämlich a) den Aufbau einer neuen strategischen Gruppe, b) den Wechsel in eine attraktive andere strategische Gruppe und c) das Absichern der Wettbewerbsposition innerhalb der strategischen Gruppe (durch neue oder höhere Mobilitätsbarrieren).

Beispiel

Siehe Abb. 3.3

Mobilitätsbarrieren der strategischen Gruppe „Entwicklungsführer":
Hohe Anlagenintensität, neueste Produktionstechnologien, kontinuierliche Prozessinnovationen, etablierte Vertriebskanäle, „lernende Organisationen".◄

3.4 Konkurrenzanalyse

Mit der Konkurrenzanalyse und ihrem Fokus auf die (potenziellen) Hauptkonkurrenten wird die externe Umweltanalyse abgeschlossen. Das hier präsentierte Instrument setzt sich aus der statischen und dynamischen Konkurrenzanalyse zusammen. Kernprinzip der klassischen statischen Analyse sind quantifizierte Vergleiche mit anderen Unternehmen entlang bestimmter Bewertungsmerkmale. Die dynamische Analyse besteht in der Definition des Reaktionsprofils für Konkurrenten. Für beide Teile sind sehr detaillierte Informationen über die fremden Unternehmen nötig, die je nach Bereich über unterschiedliche Zugänge gewonnen werden.[6]

---

[6]Für die Gewinnung und Auswertung dieser externen Daten etablieren größere Unternehmen eigene Marktforschungsabteilungen, die auch bei der Vorhersage des zukünftigen Wettbewerberverhaltens unterstützen (Stichwort „Competitive Intelligence").

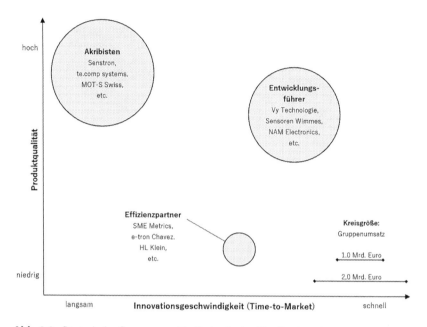

Abb. 3.3 Strategische Gruppen um Vy Technologie. (Quelle: Autor)

Statische Konkurrenzanalyse

Die klassische Analyse ist sehr einfach strukturiert, jedoch mit einem sehr breiten Inhaltsspektrum versehen. Dabei werden unterschiedliche Bewertungskriterien
erarbeitet (z. B. Serviceangebot, Qualifikation der Mitarbeiter, Wachstum), um
dann das eigene sowie die fremden Unternehmen danach zu bewerten und einen
Vergleich herzustellen.

Für die Identifizierung entsprechender Kriterien bieten Internet und Literatur
viele Checklisten an. Eine konsolidierte Variante wird auch im Anhang dargestellt.
Wichtig bei dieser Vielfalt ist, die entscheidenden Kriterien auszuwählen. Dabei
unterstützen die sogenannten *Schlüsselerfolgsfaktoren*[7] – Kriterien, die einen „wesentlichen Einfluss auf das Erfolgspotenzial von strategischen Geschäftseinheiten
haben" (Fischer 1993, S. 18) und auch für dessen Realisierung vorhanden sein
müssen (Gälweiler 2005, S. 26).

---

[7]Mitunter wird das Konzept der Schlüsselerfolgsfaktoren (auch kritische oder strategische
Erfolgsfaktoren genannt) in der Literatur sogar als eigenes Instrument platziert.

Eine allgemeine Orientierung bei der Identifizierung der Schlüsselerfolgsfaktoren gibt Grant (2016, S. 84) mit den beiden Fragen „Was wollen die Kunden?" und „Wie kann das Unternehmen im Wettbewerb überleben?". Aus dessen inhaltlicher Kombination werden die Erfolgsfaktoren abgeleitet. Als Alternative zu diesem qualitativen Ansatz existiert ein finanzwirtschaftlicher, bei dem die Einflussfaktoren von wichtigen Rentabilitätskennzahlen ermittelt werden, z. B. beim Return on Investment (ROI) mithilfe des DuPont-Schemas (Welge et al. 2017, S. 247).

Wichtig ist, die Merkmale so präzise zu formulieren, dass sie mit einer einheitlichen Logik bewertet werden können (typischerweise schwach/stark). Beispielsweise kann ein hoher Grad an Outsourcing in manchen Branchen eine Schwäche, in anderen eine Stärke darstellen. Stattdessen können auch die Endpunkte der Skala bei bestimmten Merkmalen in gering/hoch etc. umgewandelt werden, was dann allerdings transparent zu kennzeichnen ist.

Dynamische Konkurrenzanalyse

Zwar bietet der erste Teil der Konkurrenzanalyse eine gute Einschätzung über die gegenwärtigen Stärken und Schwächen der konkurrierenden Unternehmen, ob sie jedoch auch in Zukunft gut aufgestellt sind, vermag das klassische Instrument nicht zu prognostizieren (Thompson und Strickland 2003, S. 104). Zu diesem Zweck – genauer gesagt zur Prognose des Mitbewerberverhaltens – entwickelte Porter (2013, S. 90) eine andere Form der Konkurrenzanalyse, die komplementär zum obigen Teil zu sehen ist und die folgenden Faktoren analysiert:

1. Ziele für die Zukunft
2. Annahmen des Konkurrenten
3. Gegenwärtige Strategie des Konkurrenten
4. Fähigkeiten des Konkurrenten

Nach der Auseinandersetzung mit diesen vier Elementen, kann ein allgemeines *Reaktionsprofil* des Konkurrenten entwickelt werden, welches die Beantwortung dieser Fragen zum Inhalt hat:

• Ist der Konkurrent mit seiner gegenwärtigen Situation zufrieden?
• Welche voraussichtlichen Schritte oder strategischen Veränderungen wird der Konkurrent vornehmen?
• Wo ist der Konkurrent verwundbar?
• Was wird die größte und wirkungsvollste Reaktion des Konkurrenten hervorrufen?

Mit dem erarbeiteten Profil können in weiterer Folge Reaktionen auf konkrete Initiativen prognostiziert werden, indem beurteilt wird, a) wie stark die Initiative den Konkurrenten verwundet, b) wie hoch die Wahrscheinlichkeit für eine vergeltende Reaktion ist und c) wie sich diese Reaktion auf den Markt und das eigene Unternehmen auswirkt (Porter 2013, S. 114).[8]

Vorgehensweise

1. Wahl der Hauptkonkurrenten bzw. Unternehmen, mit denen man sich vergleichen möchte (siehe dazu die Ergebnisse aus den strategischen Gruppen sowie der Branchenstrukturanalyse).
2. Identifizierung der relevanten Bewertungskriterien für die *statische Konkurrenzanalyse* (ca. 10–20) sowie Festlegung der dazugehörigen Bewertungslogik auf einer einheitlichen numerischen Skala mit zumindest 5 Punkten, d. h. von 1 (sehr schwach) bis 5 (sehr stark).
3. Bewertung des eigenen und konkurrierenden Unternehmens nach der definierten Logik – entweder zeitgleich oder nacheinander. In beiden Varianten muss transparent sein, was genau erfüllt sein muss, um etwa 4 Punkte zu geben. Zum Zwecke der Vergleichbarkeit sollten qualitative Bewertungen einzelner Merkmale stets auch mit denselben fachlichen Ansprechpartnern reflektiert werden.
4. Analyse der Ziele, Annahmen, Strategien und Fähigkeiten des Konkurrenten im Sinne der *dynamischen Konkurrenzanalyse*. Informationsbeschaffung primär über Publikationen der Konkurrenz, den eigenen Außendienst, Gespräche mit (ehemaligen) Mitarbeitern der Konkurrenz – häufig auf informeller Ebene.
5. Ableitung eines allgemeinen Reaktionsprofils durch Beantwortung der obigen Fragen.
6. Ggf. Prognose über die Reaktion des Konkurrenten (und über Veränderungen in der Branche) auf mögliche strategische Initiativen des eigenen Unternehmens.

Beispiel

Siehe Abb. 3.4
Reaktionsprofil von NAM Electronics:

---

[8]Für eine tiefergehende Auseinandersetzung mit derartigen Wettbewerbsdynamiken drängt sich D'Aveni (1995) in den Vordergrund.

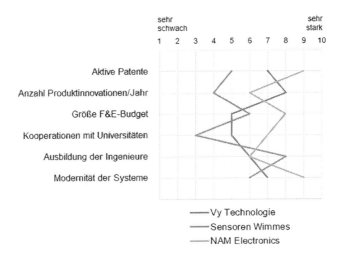

Abb. 3.4 Statische Konkurrenzanalyse (hier: F&E) für Vy Technologie. (Quelle: Autor)

NAM Electronics ist der globale Marktführer mit starker Präsenz im DACH-Raum. Sein Hauptziel ist, in Europa durch einen zunehmend destruktiven Verdrängungswettbewerb Marktanteile zu gewinnen. Das könnte er mit seiner exzellenten Finanzlage und den Kostensenkungspotenzialen erreichen. Der Ausbau der Vertriebsaktivitäten und vermehrte Akquise-Versuche bei unseren Kunden sind zu erwarten. Verwundbar ist er über seine Produktentwicklung, da viele Innovationen durch Kooperationen entstehen und die Inhouse-Fähigkeiten limitiert sind.◄

3.5   7-S-Modell

Mit dem 7-S-Modell (von McKinsey) starten wir die Instrumente der internen Analyse, also die Untersuchung des eigenen Unternehmens. Der Übergang hierzu ist deshalb kein harter, weil dieses Modell der gerade angesprochenen Erfolgsfaktorenforschung zugeordnet wird (Welge et al. 2017, S. 246). Das vorliegende Instrument dient jedenfalls dazu, den Status quo wichtiger Stellschrauben zu eruieren, um das eigene Unternehmen so weiterzuentwickeln.

Geprägt von Chandlers (1962) Postulat, dass von Strategien abgeleitete Organisationsstrukturen zentral für den Erfolg von Unternehmen sind, haben Waterman,

Peters und Phillips (1980, S. 17 ff.) das 7-S-Modell entwickelt. Dieses beschreibt, dass Erfolg nicht nur auf Struktur und Strategie zurückzuführen ist, sondern insgesamt auf sieben Faktoren, wie Abb. 3.5 in der klassischen Darstellung zeigt. Dabei wird darauf hingewiesen, dass alle Faktoren gleichwertig und im Zusammenhang zu betrachten sind und daher eine Veränderung einzelner Faktoren nicht zielführend ist.

Es folgt eine Kurzerklärung der einzelnen Faktoren inklusive flankierender Fragen, die bei der Analyse unterstützen (Müller-Stewens und Lechner 2016, S. 202; Waterman et al. 1980, S. 19 ff.):

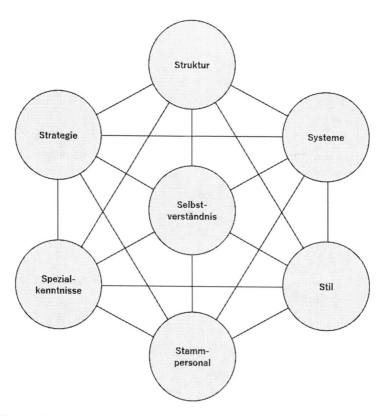

Abb. 3.5 7-S-Modell. (Quelle: nach Peters und Waterman 2006, S. 10)

Strategie (Strategy) Unter Strategie verstehen die Autoren proaktive oder reaktive Maßnahmen, die aufgrund von Veränderungen in der externen Umwelt geplant werden und die Wettbewerbsposition verbessern sollen.

Unterstützende Fragen: Ist die Unternehmensstrategie bekannt? Ist die Strategie geeignet, um die zukünftigen Herausforderungen des Unternehmens zu bewältigen? Ist die Strategie umsetzbar?

Struktur (Structure) Bei der Struktur geht es im Wesentlichen um die Aufbauorganisation von Unternehmen sowie der Frage nach Zentralisierung oder Dezentralisierung.

Unterstützende Fragen: Ist die Struktur einfach und klar zu verstehen? Passt die vorhandene Struktur in die Marktlage des Unternehmens? Entspricht die Struktur der Strategie?

Systeme (Systems) Die Kategorie Systeme hat Prozesse zum Inhalt, die das Unternehmen am Laufen halten. In anderen Worten geht es um die Ablauforganisation und darum, wie Dinge gemacht werden (operatives Management).

Unterstützende Fragen: Welche Systeme sind im Unternehmen besonders wichtig? Wie ist die Qualität dieser Systeme? Welche Systeme fehlen oder sind unterentwickelt? Behindern die vorhandenen Systeme die Struktur oder Strategie?

Stil (Style) Im Bereich Stil werden insbesondere die existierende Unternehmenskultur und im Kontrast dazu die Führungsqualitäten des Managements zusammengefasst. Auch die Symbolik und Vorbildwirkung ist wichtiger Bestandteil dessen: „Organizations may listen to what managers say, but they believe what managers do." (Waterman et al. 1980, S. 22).

Unterstützende Fragen: Wie ist die Zusammenarbeit zwischen Führungskräften und Mitarbeitern? Auf welche Art und Weise werden Entscheidungen getroffen? Wie sollten Entscheidungen in Zukunft getroffen werden?

Stammpersonal (Staff) Der nicht zu vernachlässigende Faktor Stammpersonal bezieht sich auf das Verhalten, die Motivation und Einstellung der Mitarbeiter, genauso aber auf Leistungsbewertung, Entlohnung und Weiterbildung.

Unterstützende Fragen: Wo liegen die Stärken und Schwächen der Mitarbeiter? Wie sind diese im Verhältnis zur Konkurrenz zu beurteilen? Welche Mitarbeiter werden für die Umsetzung der Strategie benötigt?

Spezialkenntnisse (Skills) Spezialkenntnisse reflektieren, was eine Organisation besonders gut kann. Im Prinzip sind es wichtige Fähigkeiten und Kompetenzen, die nicht nur einen Wettbewerbsvorteil begründen können, sondern auch zur Strategieimplementierung vorhanden sein müssen.

Unterstützende Fragen: Über welche herausragenden Fähigkeiten verfügt das Unternehmen? Wie sind diese Fähigkeiten im Verhältnis zum Wettbewerb zu beurteilen? Welche Fähigkeiten sind unterentwickelt und müssen (weiter-)entwickelt werden?

Selbstverständnis (Shared Values)[9] Als Selbstverständnis wird ein Mix von gemeinsamen Werten bezeichnet, die als stabilisierende Klammer einer Organisation dienen und formell nur schwer zu fassen sind. Dabei scheint es so, als wäre dieser Faktor nicht in allen, aber in den meisten erfolgreichen Unternehmen vorhanden. Ein Blick auf Abschn. 2.2 zeigt starke inhaltliche Ähnlichkeiten mit dem normativen Management, wenngleich es dort um die gezielte Steuerung geht und hier um das Ergebnis.

Unterstützende Fragen: Welche gemeinsamen Werte existieren im Unternehmen? Sind alle Führungskräfte mit diesen Werten einverstanden? Unterstützen diese Werte die Strategie?

Mit Blick auf die Strategiearbeit lernen wir aus diesem Instrument, dass eine gute Strategie per se nicht ausreicht, um die gewünschten Erfolgspotenziale zu realisieren. Durch die Komplexität einer Organisation ist es vielmehr das Drehen der richtigen Schrauben zur richtigen Zeit und mit der richtigen Kraft, was zum Erfolg führt. Aber gerade das kann und muss Strategiearbeit leisten, nämlich die Planung der „richtigen Dinge" mit Bezug auf sämtliche Bereiche des Unternehmens. Dieser Zugang räumt dem Faktor *Strategie* doch wieder einen differenzierten Stellenwert ein, was auch dadurch legitimiert wird, dass bei den obigen Fragen immer wieder die Verbindung dazu gesucht wird.

Vorgehensweise (Paul und Wollny 2020, S. 41 ff.)

1. *Überblick über die Lage des Unternehmens:* Es werden zunächst vorhandene interne Dokumente (z. B. Geschäftsberichte, Auswertungen, Organigramme, Strategieunterlagen) sowie externe Daten (z. B. Branchen- und Zeitungsberichte, Berichte von Branchenexperten/Börsenanalysten) im Hinblick auf die

---

[9]Ursprünglich „Superordinate Goals" – bei gleicher Bedeutung.

sieben Faktoren analysiert und ergänzende Gespräche mit der Geschäftsführung geführt.

2. *Entwicklung des Fragebogens und Durchführung der Befragung:* Auf der Basis werden dann pro Faktor Detailfragen formuliert. Da Faktoren auch zusammenhängen, ist dies in den Fragestellungen zu berücksichtigen. Zielgruppe der Befragung sind repräsentative Führungskräfte auf Ebene unter der Geschäftsführung. Alternativ zur Befragung ist auch ein Workshop denkbar.

3. *Ableitung der Beziehungen zwischen den Faktoren:* Die zusammengefassten Ergebnisse werden der Geschäftsführung präsentiert, um in weiterer Folge die Übereinstimmungen zwischen den Faktoren und mit der Unternehmensumwelt zu diskutieren. Daraus wird der Veränderungsbedarf abgeleitet und definiert.

4. *Entwicklung von Veränderungsprojekten:* Wie in manchen anderen Instrumenten geht es auch hier im letzten Schritt verstärkt um strategieformulierende Aspekte. Dabei können entweder Soll-Zustände in den einzelnen Faktoren oder bereits konkrete Projekte vordefiniert werden.

Beispiel

7-S von Vy Technologie (Ist-Zustand):

- Strategie: Leitbild vorhanden und kommuniziert (wird teilweise gelebt); strategische Ziele sind vorgegeben, aber Strategie nicht; Ressourcenverteilung im „Gießkannenprinzip"
- Struktur: transparente Stablinienorganisation; Rollen mancher Abteilungen nicht klar abgegrenzt; Entscheidungen trifft primär die Geschäftsführung
- Systeme: gute und moderne Systemlandschaft, aber keine einheitliche Lösung; übergreifende Kernprozesse sind nicht explizit definiert
- Stil: partizipativer Führungsstil garantiert Mitspracherecht der Mitarbeiter – Entscheidungen dennoch auf hoher Hierarchiestufe
- Stammpersonal: Mitarbeiter sind sehr motiviert, v. a. in Bereichen mit mehr Eigenverantwortung (Entwicklung, Verwaltung); variables Anreizsystem in der Produktion bringt noch nicht das gewünschte Ergebnis
- Spezialkenntnisse: viel Know-how in den Bereichen Entwicklung und Vertrieb, bei Finanzen jedoch ausbaufähig
- Selbstverständnis: Organisation sieht sich als agiler Technologieführer mit starker Innovationskraft◄

3.6 Kernkompetenzen

Vertreter wie Porter begründen Wettbewerbsvorteile mit Lücken am Markt. Doch auch spezielle Fähigkeiten und Ressourcen ermöglichen solche Vorteile („Resource-Based View"), weshalb es in der Strategiearbeit unumgänglich ist, sich auch mit diesem Ansatz zu beschäftigen. Zu den Ressourcen zählen nach Barney (1991, S. 101) bzw. Daft (2016, S. 71) insbesondere von Unternehmen kontrolliertes Vermögen, Fähigkeiten, Prozesse, Eigenschaften, Informationen und Wissen – mögliche Ausgangspunkte für Stärken eines Unternehmens.

Die tatsächlichen *Kernkompetenzen,* die einen Wettbewerbsvorteil begründen, entstehen schließlich aus der komplexen Kombination von materiellen Ressourcen, Fähigkeiten und Routinen (Rasche 1994, S. 149). Um diese zu identifizieren, erweist sich die Orientierung an vier wesentlichen Merkmalen, dem sogenannten VRIO-Konzept von Barney (1995), als sehr praktikabel. VRIO ist ein Akronym aus *Value, Rareness, Imitability* sowie *Organization* und markiert die entscheidenden Variablen bei der Abgrenzung von „normalen" zu strategisch wertvollen Ressourcen. Die Eigenschaften können nach Barney (1995, S. 50 ff.) wie folgt erörtert werden:

A) Analyse des Werts („The Question of Value") Im ersten Schritt muss geklärt werden, ob die Ressource bzw. Fähigkeit dazu beiträgt, externe Chancen zu realisieren und/oder Risiken für das Unternehmen zu neutralisieren. Dabei wird dezidiert die Brücke zu Markt und Kunden geschlagen, denn ist eine Ressource für den Kunden wertvoll, ist sie auch als werthaltig in diesem Sinne zu verstehen. Mit dem Bezug zur externen Umwelt geht jedoch auch die Unsicherheit einher, dass der Wert durch eine Änderung der Konsumentenpräferenzen, Branchenstruktur, Technologien abnehmen könnte. Demzufolge ist auch eine Schlüsselfrage, wie der Ressourcenwert erhalten werden kann.

B) Analyse der Seltenheit („The Question of Rareness") Die zweite Überlegung hat einen logischen Grund, nämlich wenn mehrere Wettbewerber dieselbe Ressource kontrollieren, ist sie nicht selten und kann daher keinen Vorteil begründen. Dennoch darf die entsprechende Ressource nicht einfach abgelehnt werden, da deren Kontrolle möglicherweise sogar eine Grundvoraussetzung für die Wettbewerbsfähigkeit darstellt und das Geschäft absichert. Kernfrage für die Analyse bleibt aber, wie viele Wettbewerber bereits über diese wertvolle Ressource verfügen.

C) Analyse der Imitationsgefahr ("The Question of Imitability") Im dritten Schritt muss die Gefahr von Imitation (und auch Substitution) durch weitere Unternehmen überprüft werden. Die Ressource ist dann gefährdet von Imitationsversuchen durch andere, wenn kaum Kosten aufgewendet werden müssten, um ebenfalls Kontrolle darüber zu erlangen. Daher sind jene Ressourcen besonders vorteilhaft, die nicht oder nur durch erheblichen Kosteneinsatz akquiriert werden können. Dieser Schutz vor Imitation kann speziell aus vier Entwicklungen resultieren: a) Ressourcen, die über einen längeren Zeitraum aufgebaut werden, b) Ressourcen, die gar nicht erst als solche erkennbar sind, c) Ressourcen, die tief im sozialen Gefüge liegen (z. B. Vertrauen, Unternehmenskultur) oder d) Patente (Barney und Hesterly 2008, S. 87).

D) Analyse der organisationalen Verwertung ("The Question of Organization") Der finale Teil erschließt sich aus der Verwertung der Ressource innerhalb der Organisation, denn ohne gewinnbringende Verwertung dergleichen ist der Vorteil unrealisiert. Wichtig ist auch, dass die Organisation für diese Verwertung in der Lage sein muss. Sind beispielsweise die 7-S-Faktoren darauf ausgerichtet? Explizit genannt werden formale Berichtswege, Kontroll- und Entlohnungssysteme, die bei der organisationalen Verwertung einen relevanten Beitrag leisten.

Wenngleich im ersten Schritt (Analyse des Werts) die Dimension des Marktes bereits Berücksichtigung findet, ist es sinnvoll, nach Identifikation der Kernkompetenzen bzw. Stärken noch einmal die Verbindung zu bestehenden sowie neuen Märkten herzustellen. Dazu eignet sich die *Kompetenz-Markt-Matrix,* dargestellt in Abb. 3.6. Hierbei wird evaluiert, welche Chancen sich aus unterschiedlichen Kombinationen von bestehenden/neuen Kernkompetenzen und Märkten ergeben können. Die Kernfragen dazu sind ebenfalls in der Darstellung abgebildet.

Vorgehensweise

1. Allgemeine Suche nach bedeutenden Ressourcen (inkl. Fähigkeiten und Routinen), die sich vereinfacht gesagt als Stärken der Organisation darstellen. Wenn noch keine Daten – beispielsweise aus der Konkurrenzanalyse – vorliegen, liefern Workshops oder qualitative Interviews innerhalb der Organisation guten Input.
2. Bewertung der Ressourcen anhand des VRIO-Schemas sowie dessen Begründung und Aufzeigen der Potenziale für die Strategie.

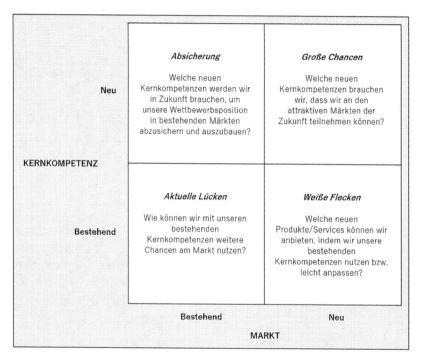

Abb. 3.6 Kompetenz-Markt-Matrix. (Quelle: nach Hamel und Prahalad 1994, S. 227)

3. Gegenüberstellung der Kernkompetenzen mit dem Markt und Ableitung möglicher Chancen und Risiken (Kompetenz-Markt-Matrix).
4. Ggf. ist zu prüfen, ob ein Kernkompetenz-Management implementiert werden soll, welches sich mit der Entwicklung sowie Nutzung von Kernkompetenzen auseinandersetzt und den Transfer in bestehende/neue Geschäftsfelder fördert (Welge et al. 2017, S. 404).

Beispiel

Siehe Tab. 3.2◄

Tab. 3.2 Kernkompetenzanalyse für Vy Technologie. (Quelle: Autor)

Ressource	Wertvoll?	Selten?	Schwer zu imitieren?	Verwertet?	Begründung
Qualität des Kundenservice	Ja	Nein	Nein	Ja	Weitgehend Standard in der Branche
Employer Branding	Ja	Ja	Nein	Ja	Temporärer Vorteil, da Mitbewerber hier noch nicht aktiv
Fähigkeit für Produktinnovationen	Ja	Ja	Ja	Ja	Detailliertes Marktwissen und Geschwindigkeit in der Entwicklung
Kundenbeziehungen	Ja	Ja	Ja	Ja	Langjährige Beziehungen mit zum Teil gemeinsamer Entwicklung

3.7 Wertschöpfungskette

Ein sehr wichtiges Instrument in der internen Analyse ist die Wertschöpfungskette (Wertkette). Sie erlaubt es, alle wertschöpfenden Aktivitäten des Unternehmens einzeln und strukturiert auszuweisen.

Erste Ansätze des Modells lieferte Gluck (1980), der die betriebliche Leistungserstellung nach Funktionen ordnete. Porter (1985) adaptierte dies insofern, als dass nicht Funktionen, sondern *Aktivitäten* im Zentrum der Betrachtung stehen. Dabei geht er davon aus, dass die Zerlegung der Wertschöpfung in einzelne Aktivitäten notwendig ist, um die Wettbewerbsvorteile (in Form von Kosten- oder Differenzierungsvorteilen) sichtbar zu machen (Welge et al. 2017, S. 366 ff.).

Wie Abb. 3.7 zeigt, unterscheidet das Modell primäre und unterstützende Aktivitäten. Die Primäraktivitäten haben einen direkten Bezug zur tatsächlichen Herstellung des Produktes bzw. der Dienstleistung. Die Unterstützungsaktivitäten wiederum ermöglichen und sichern diese Leistungserstellung. In Anlehnung an Porter (2014, S. 64 ff.) können die einzelnen Aktivitäten so beschrieben werden:

Abb. 3.7 Wertschöpfungskette. (Quelle: in Anlehnung an Porter 2014, S. 64)

- Es beginnt mit der *Eingangslogistik,* bei der es um die physischen Warenströme und Lagerhaltung von Roh-, Hilfs- und Betriebsstoffen für die Produktion geht.
- In der *Produktion* passiert die eigentliche Transformation der notwendigen Ressourcen in das fertige Produkt.
- Nach dessen Erstellung werden die produzierten Leistungen im Rahmen von *Marketing und Vertrieb* vermarktet (wenngleich Marketingaktivitäten in der Praxis mitunter früher eingeleitet werden).
- Nach Vereinbarung mit Abnehmern kümmert sich die *Ausgangslogistik* um die physische Distribution der Produkte.
- Der Bereich *Kundenservice* reflektiert spezielle Dienstleistungen nach dem Verkauf des Gutes, etwa zur Inbetriebnahme oder Wartung. Im weitesten Sinn umfasst der Schritt auch reaktives Kundenservice bei Problemen sowie proaktives After-Sales-Service zur nachträglichen Wertsteigerung.
- Als *Unternehmensinfrastruktur* gelten Bereiche wie das Management, Controlling und Rechnungswesen. Es steht also Führung und Informationsversorgung im Mittelpunkt.
- Der Block *Personalwirtschaft* beinhaltet alle Aktivitäten hinsichtlich Human Resources, d. h. Auswahl, Entlohnung, Motivation, Weiterbildung etc.
- Weitere Unterstützungsaktivitäten werden unter *Technologieentwicklung* zusammengefasst – das ist einerseits auf die Produkte bezogen, andererseits auf die Organisation im Sinne von unterschiedlichen Prozessen, Kommunikationstechnologien und Softwareunterstützung.
- Auch die *Beschaffung* insgesamt wird als unterstützende Aktivität deklariert, die sich mit dem Einkauf aller Ressourcen auseinandersetzt, nicht aber mit dessen Materialfluss.

- Die *Gewinnspanne* ergibt sich schließlich aus der Differenz zwischen dem Gesamtwert der Leistung (Verkaufspreis) und den tatsächlichen Kosten der einzelnen Aktivitäten.

Bei der Analyse des Ist-Zustandes wird zunächst skizziert, welche Leistungen (Unteraktivitäten) je Aktivität vom Unternehmen erbracht werden (z. B. Lackierung im Bereich Produktion). In weiterer Folge werden die dafür anfallenden Kosten für das Unternehmen sowie der Wert für den Kunden eruiert. Dies geht in die Richtung einer *Profit-Pool-Analyse* (Gadiesh und Gilbert 1998) – ein Konzept, mit dem die Profitabilität der einzelnen Aktivitäten in der Branche untersucht wird. Die Kombination der unternehmensinternen und -externen Profit-Pools zeigt dann mögliche Gewinnpotenziale für das eigene Unternehmen.

Vorgehensweise (in Anlehnung an Paul und Wollny 2020, S. 191 ff.)

1. *Definition der Wertkette:* Zwar liefert Porter eine allgemeingültige Vorlage der Wertkette, diese unterscheidet sich jedoch von Branche zu Branche. Daher ist eine Anpassung für die eigene Branche, das eigene Unternehmen nötig. Untersuchungsobjekt ist bestenfalls das Geschäftsfeld, oder aber eine Produktgruppe bzw. ein Produkt. Gute Datengrundlagen sind Organigramme, Prozessbeschreibungen, interne Berichte und Interviews.
2. *Ermittlung der wichtigsten Unteraktivitäten:* Weiters müssen die wichtigsten Leistungen innerhalb der Primär- und Unterstützungsaktivitäten definiert werden. Auch hierfür dienen Prozessbeschreibungen, interne Berichte und Interviews.
3. *Kosten, Umlauf- und Anlagevermögen zuordnen:* Wichtig ist die Zuordnung der Kosten auf die einzelnen Aktivitäten und Unteraktivitäten der Wertkette. Dadurch entsteht Kostentransparenz, dessen Basis die interne Kostenrechnung und Prozesskostenrechnung ist. Zusätzlich kann es sinnvoll sein, das Anlage- und Umlaufvermögen (z. B. in Form von Capital Employed) in diese Kostenstruktur anteilig zu übertragen.
4. *Kostenanalyse in der Wertkette:* Die definierten Kosten werden im nächsten Schritt auf ihre Treiber und Wechselwirkungen zu anderen Aktivitäten untersucht, sodass Zusammenhänge und zukünftige Kostenentwicklungen abgeschätzt werden können.
5. *Differenzierungsanalyse in der Wertkette:* Auf Grundlage der Unteraktivitäten sind überdies die aktuellen Differenzierungsmerkmale und -potenziale zu prüfen, sodass der Produktwert für die Kunden erhöht werden kann.

Tab. 3.3 Wertkettenanalyse (hier: Ausgangslogistik) für Vy Technologie. (Quelle: Autor)

Leistung	Kosten	Kundenwert	Differenzierungspotenziale
Lagerung	EUR 220.000 (1,0 % vom Umsatz)	Gering	Größeres Lager für bessere Lieferfähigkeit
Verpackung	EUR 330.000 (1,5 %)	Hoch	Kleinere Verpackung; Polsterung
Transport	EUR 528.000 (2,4 %)	Hoch	Drohnen für Expresslieferung

6. *Vergleich mit Wertketten der Konkurrenten:* Sofern Daten darüber existieren, soll ein Benchmarking mit wichtigen Konkurrenten hinsichtlich Wert- und Kostentreiber durchgeführt werden. Dadurch können Wettbewerbsvorteile und mögliche Angriffsflächen für die Wettbewerbsstrategie aufgezeigt werden.
7. *Strategie ableiten:* Zeigt die Wertkettenanalyse, dass insbesondere Differenzierungsvorteile existieren, so spricht das für eine Differenzierungsstrategie. Daraus resultierend würde im Zuge der Strategieformulierung der Schwerpunkt auf der Erhöhung des Kundenwertes in allen Aktivitäten liegen.

Beispiel

Siehe Tab. 3.3◄

3.8   SWOT-Analyse

Die SWOT-Analyse als das in der Praxis wohl bekannteste und am häufigsten verwendete Instrument (Ehringer 2019, S. 37 f.; Schneemann 2019, S. 122) konsolidiert die Ergebnisse der internen sowie externen Analyse und priorisiert sie. Alternativ dazu kann es auch ein Startpunkt für die Strategiearbeit sein, indem in dem Schema Gedanken festgehalten werden. Sofern die Ergebnisse gut fundiert werden, ist auch der Mehrwert vorhanden. Größerer Mehrwert ergibt sich jedoch, wenn man sich bereits im Vorhinein intensiv mit allen erforderlichen Inhalten auseinandergesetzt hat und diese in der SWOT-Analyse nur mehr zusammengefasst werden müssen (Angwin et al. 2011, S. 14). Daher wurde dieses Tool am Ende der strategischen Analyse platziert.

„SWOT" setzt sich zusammen aus *Strengths, Weaknesses, Opportunities* und *Threats*. Die Stärken und Schwächen beziehen sich dabei auf das eigene Unternehmen, die Chancen und Risiken auf die externe Umwelt. Bei der Bestimmung des Modellursprungs gibt es Uneinigkeit zwischen Wissenschaftlern, Madsen (2016, S. 40) tendiert in seiner Analyse jedoch zur Harvard Business School und den 1960er Jahren.

Stärken und Schwächen
Mit den beiden vorangegangenen Instrumenten existieren bereits fundierte Möglichkeiten, um Stärken (und Schwächen) zu identifizieren. Gerade der Kernkompetenz-Ansatz sollte im Strategieprozess Beachtung finden, um die besonders wichtigen Stärken einer Organisation zu erfahren. Unabhängig davon, wie Stärken und Schwächen erarbeitet wurden, müssen die Erkenntnisse in weiterer Folge mit fremden Unternehmen verglichen oder mit Kundenperspektiven des Unternehmens verprobt werden, um eine entsprechende Priorisierung der Faktoren durchführen zu können. Üblich und sinnvoll ist ein Vergleich mit Hauptkonkurrenten, so wie in der Konkurrenzanalyse (Abschn. 3.4) vorgeschlagen. Alternativ können auch Best Practice-Unternehmen anderer Branchen oder einfach der klassische Branchendurchschnitt herangezogen werden (Welge et al. 2017, S. 406). Die Ergebnisse stellen sich als priorisierte Listen von Stärken und von Schwächen dar.

Chancen und Risiken
Anhand der vier zuerst dargestellten Instrumente können auf unterschiedlichen Ebenen Chancen und Risiken für das eigene Unternehmen identifiziert und abgeleitet werden. Welge et al. (2017, S. 358 f.) schlagen in dieser Hinsicht vor, die Ergebnisse aus der Umweltanalyse in einem „Chancen-Risiken-Katalog" zu konsolidieren. Dabei werden einzelne Umweltentwicklungen und die daraus entstehenden Chancen bzw. Risiken beschrieben, bevor sie in die SWOT-Logik übertragen werden.

Wie Paul und Wollny (2020, S. 73) richtig anmerken, gibt es immer wieder Verwechslungen zwischen Chancen/Risiken und Handlungsmöglichkeiten von Unternehmen. Hier geht es um Chancen und Risiken, die aus Entwicklungen der externen Umwelt resultieren (z. B. neue Bedürfnisse der Kunden oder regulative Einschränkung der Exporte in wichtige Länder).

Vorgehensweise eines vollen SWOT-Prozesses (in Anlehnung an Paul und Wollny 2020, S. 71 ff.)

1. *Vorbereitung:* Es wird ein heterogenes Analyseteam aus unterschiedlichen Hierarchiestufen und Bereichen des Unternehmens gebildet, um alle Inhalte entsprechend detailliert abdecken zu können. Informationen (aus Branchenberichten, Marktanalysen, Geschäftsberichten des Unternehmens und der Konkurrenten etc.) sollen vorab zusammengefasst, bewertet und allen zur Verfügung gestellt werden.

2. *Festlegung und Beschreibung des Analysegegenstandes:* In der gesamten strategischen Analyse sowie in der SWOT-Analyse muss der Gegenstand der Untersuchung klar definiert und abgegrenzt werden. Gerade dieses Instrument kann für verschiedenste Strategieebenen und Bereiche verwendet werden. Eine schriftliche Beschreibung der Eckpunkte fixiert den Rahmen der Analyse.

3. *Analyse der externen Umwelt (Chancen und Risiken):* Trends und Entwicklungen – v. a. hinsichtlich der Produkte und Technologien – werden mithilfe der PESTEL- und Branchenstrukturanalyse identifiziert. Weiters werden die eruierten Chancen und Risiken priorisiert und limitiert.

4. *Interne Analyse des Unternehmens (Stärken und Schwächen):* Anhand von Checklisten (siehe z. B. im Anhang) werden die Stärken und Schwächen des eigenen Unternehmens identifiziert. Stärken zeigen sich etwa dann, wenn ein Unternehmen deutlich besser abschneidet als der Branchendurchschnitt – Schwächen vice versa. Auch abgeschlossene Projekte und Initiativen können in die Analyse mit einbezogen werden.

5. *Zusammenfassung der Ergebnisse:* Die jeweils wichtigsten Stärken, Schwächen, Chancen und Risiken werden in einer priorisierten Liste mit jeweils 5–10 Faktoren zusammengefasst, ggf. mit Kennzeichnung von Zusammenhängen. So entsteht ein Gesamtbild des Untersuchungsobjektes, das als Basis für die Ableitung von Handlungsoptionen dient.

Beispiel

Siehe Tab. 3.4◄

Tab. 3.4 SWOT-Ergebnisse von Vy Technologie. (Quelle: Autor)

Stärken	Schwächen	Chancen	Risiken
(S1) Hohe Innovationskraft bei Produkten (S2) Starke Kundenbeziehungen (S3) Selbstbewusste Unternehmenskultur	(W1) Limitierte Finanzkraft der Eigentümer (W2) Kein Kostenmanagement (W3) Redundanzen in der Organisation	(O1) E-Mobilität als Wachstumsmarkt (O2) Rückwärtsintegration für wichtige Rohstoffe (O3) Kunden werden stärker von uns abhängig	(T1) Kürzere Innovationszyklen in der Branche reduzieren unseren Geschwindigkeitsvorsprung (T2) Überkapazitäten führen zu Preiskämpfen am Markt (T3) Knappheit bei seltenen Erden

Instrumente für die Strategieformulierung

4

Aufbauend auf den Inhalten der strategischen Analyse sehen wir uns in diesem Kapitel wichtige Instrumente der Strategieformulierung an. Dabei nutzen wir zunächst die SWOT-Analyse zur Entwicklung von Strategieoptionen (Abschn. 4.1). Weiters wird dargestellt, welche grundlegenden strategischen Ansätze für Erfolg im Wettbewerb zur Verfügung stehen (Abschn. 4.2) und welche Stoßrichtungen für Wachstum existieren (Abschn. 4.3). Das letzte Instrument in Abschn. 4.4 verdeutlicht, welche Inhalte schließlich Bestandteil einer modernen Strategie sind.

Instrumente der internen Analyse erfüllen zudem einen doppelten Zweck: Einerseits unterstützen sie bei der Erhebung des Ist-Zustandes im eigenen Unternehmen, andererseits helfen sie im Bereich der Strategieformulierung, indem Soll-Zustände dargestellt werden. Besonders hilfreich sind hierbei das 7-S-Modell sowie die Wertschöpfungskette.

4.1 TOWS-Matrix

Die TOWS-Matrix *(Threats, Opportunities, Weaknesses, Strengths)* ist eine von Heinz Weihrich (1982) geschaffene Erweiterung der SWOT-Analyse und beschäftigt sich mit der Entwicklung von strategischen Handlungsoptionen. Durch Kombination der externen Chancen und Risiken mit den internen Stärken und Schwächen werden die folgenden Normstrategien gebildet (siehe auch Abb. 4.1):

SO-Strategie Nutzung der Stärken, um Chancen zu realisieren (z. B. starkes Marketing unterstützt den Produktlaunch im wachsenden und umkämpften Markt).

© Der/die Autor(en), exklusiv lizenziert durch Springer Fachmedien Wiesbaden GmbH, ein Teil von Springer Nature 2020
W. Ehringer, *Instrumente zur Strategieentwicklung*, essentials,
https://doi.org/10.1007/978-3-658-32688-3_4

Interne Faktoren		
	Stärken	**Schwächen**
Chancen	*SO-Strategie*	*WO-Strategie*
Risiken	*ST-Strategie*	*WT-Strategie*

Externe Faktoren (left column spanning Chancen/Risiken rows)

Abb. 4.1 TOWS-Matrix. (Quelle: in Anlehnung an Weihrich 1982, S. 60)

WO-Strategie Reduktion der Schwächen, um Chancen zu realisieren (z. B. Ausgleich mangelnder Kompetenzen durch Kooperation, sodass neue Produkte entwickelt werden können).

ST-Strategie Nutzung der Stärken, um Risiken zu minimieren (z. B. Nutzung der hohen Reputation, um neue Mitbewerber zu unterdrücken).

WT-Strategie Reduktion der Schwächen und Risiken gleichermaßen (z. B. Outsourcing von ineffizienten Produktionsschritten, bei denen Ressourcenengpässe zu erwarten sind).

Vorgehensweise (in Anlehnung an Paul und Wollny 2020, S. 79 ff.)

1. Erstellung der TOWS-Matrix durch Übertragung der jeweils 5–10 höchstpriorisierten Stärken, Schwächen, Chancen und Risiken.
2. Bewertung der Zusammenhänge zwischen den einzelnen internen und externen Faktoren, um die Relevanz gemeinsamer Maßnahmen zu prüfen (positive/negative/keine Korrelation).
3. Ableitung von strategischen Handlungsoptionen für alle Quadranten der Matrix (SO, WO, ST, WT) an den jeweiligen Schnittpunkten.
4. Ggf. Bewertung der Auswirkungen jeder Handlungsoption auf die einzelnen SWOT-Faktoren, sodass Gesamtnutzen bzw. -risiko und dadurch die Attraktivität je Handlungsoption ersichtlich wird.[1]

---

[1]Siehe dazu die *Quantitative Strategische Planungs-Matrix* in Paul und Wollny (2020, S. 84 ff.).

TOWS-Optionen (hier: ST-Strategien) für Vy Technologie:

- Entwicklung neuer Produkte ohne Bedarf nach seltenen Erden (S1, T3)
- Verhandlung von langfristigen Lieferverträgen mit fixen Preisen (S2, T2)
- Fokus auf Geschwindigkeit und Flexibilität in der gesamten Organisation
  – Motivation und Anreize danach ausrichten (S1, S3, T1)
- Erweiterung der Sortimentsbreite in Nischen mit wenigen Mitbewerbern
  (S1, T2)◄

4.2 Generische Wettbewerbsstrategien

An der einen oder anderen Stelle dieses Essentials wurde bereits von Positionierung, Differenzierung oder Kostenführerschaft gesprochen. Diese Themen sind inhaltlich auf die von Michael Porter (1980) entwickelten *generischen Strategien* zurückzuführen, welche Wettbewerbsvorteile schaffen und dadurch Unternehmenserfolg begründen.

Ausgehend vom für Kunden entscheidenden Preis/Nutzen-Verhältnis ist die Grundidee des Modells, dass sich Unternehmen entweder auf die Reduktion von Verkaufspreisen (Kostenführerschaft) oder die Erhöhung des vom Kunden wahrgenommenen Nutzens (Differenzierung) spezialisieren, um nachhaltig überdurchschnittliche Gewinne erwirtschaften zu können. Spezialisieren bedeutet hierbei eine komplette Ausrichtung der Organisation auf diese Art des Wirtschaftens. Schlägt man einen dieser Wege nicht konsequent ein, so sitzt man „zwischen den Stühlen" im kritischen Bereich mit niedriger Rentabilität. Ebenso gefährlich ist die Verfolgung einer Strategie, bei welcher der Preis der Produkte den vom Kunden wahrgenommenen Nutzen übersteigt.[2] Porter (2013, S. 73 ff.) unterscheidet neben der *umfassenden Kostenführerschaft* sowie *Differenzierung* auch in die *Konzentration auf Schwerpunkte* (siehe auch Abb. 4.2), die nachfolgend beschrieben werden.

Umfassende Kostenführerschaft
Wird eine Strategie der Kostenführerschaft verfolgt, so müssen sämtliche Kosten des Unternehmens minimiert werden, um auch den Preis auf ein für Kunden attraktives Level zu reduzieren.

---

[2]Siehe auch die *Strategische Uhr*, ein ähnliches Modell von Bowman und Faulkner (1997).

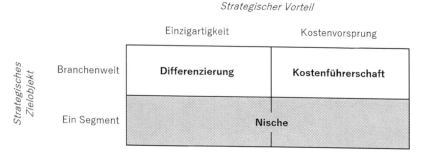

Abb. 4.2 Generische Wettbewerbsstrategien. (Quelle: in Anlehnung an Porter 2013, S. 79)

Wichtige Maßnahmen sind hierbei: Erhöhung der Produktionskapazitäten und Standardisierung der Produkte (Skaleneffekte, Fixkostendegression), Nutzung aller Kostensenkungspotenziale in den einzelnen Bereichen/Funktionen sowie strenge Kontrolle der variablen und Gemeinkosten.

Für das Verfolgen der Kostenführerschaft muss ein Unternehmen allerdings auch in der Lage sein bzw. sind bestimmte Voraussetzungen dafür erforderlich. Porter nennt hier den Zugang zu Kapital (aufgrund hoher Investitionen), Prozessinnovationen und -verbesserungen, moderne/effiziente Anlagen, Kontrollsysteme für Mitarbeiter und Kosten, variable Vergütung mit quantitativen Zielen, detaillierte Kontrollberichte, einfache Produktgestaltung, kostengünstiges Vertriebssystem und klar abgegrenzte Verantwortlichkeiten in der Organisation.

Hat man sich für die Kostenführerschaft entschieden, ist stets auf mögliche Risiken zu achten: Technologische Veränderungen, Imitation der Kosteneffizienz durch (neue) Mitbewerber, Vernachlässigung von notwendigen Produkt-/Marketingänderungen durch den Fokus auf Kosten sowie signifikante Kostensteigerungen[3].

Trotz intensiver Verwendung des Rotstiftes ist bei dieser Strategie dennoch darauf zu achten, dass Qualität, Service und andere für Kunden wichtige Parameter ein Mindestlevel nicht unterschreiten.

---

[3]Erhöhte Kosten können dazu führen, dass der Kostenvorteil geringer wird als der Mehrwert von differenzierten Konkurrenzprodukten. Ganz nach dem Motto: „Wenn es nur ein bisschen teurer ist, nehme ich das Markenprodukt."

Differenzierung

Bei der Differenzierungsstrategie liegt der Fokus nicht auf den Kosten, sondern in der Einzigartigkeit der Produkte bzw. Dienstleistungen. Freilich darf man auch Kosten nicht aus den Augen verlieren.

Quellen für Differenzierung gibt es unterschiedlichste: Produktdesign, Markenreputation, Technologie/Innovation bei Produkten, Kundendienst, Vertriebsnetz etc. Je mehr Differenzierung gegenüber Konkurrenten existiert, desto besser.

Damit verbunden sind auch hier einige Voraussetzungen, um als Unternehmen mit einer Differenzierungsstrategie erfolgreich zu sein: Gutes Marketing, Kreativität, F&E, guter Ruf in puncto Qualität und Technologie, Etablierung in einer Branche, Kooperationen in Einkauf und Vertrieb, gute Abstimmung zwischen F&E und Marketing, subjektive Anreize anstatt quantitativer Faktoren und „Employer Branding" als Sog für hoch qualifizierte Arbeitskräfte.

Ebenso sind mit diesem Strategietyp einige Risiken verbunden: Der Kostenunterschied zu Billiganbietern könnte so groß werden, dass der eigene Differenzierungsvorteil den billigen Preis des Konkurrenzproduktes nicht mehr sticht und sich Kunden daher für die billige Alternative entscheiden. Ein weiteres Risiko besteht in der reduzierten Bedeutung der Differenzierungsfaktoren für Kunden, wenn diese etwa gebildeter oder anspruchsvoller werden. Schließlich ist auch die Imitation dieser Faktoren ein nicht zu unterschätzendes Risiko.

Konzentration auf Schwerpunkte (Fokus, Nische)

Die obigen Kernstrategien ergänzt Porter um die Konzentration auf Schwerpunkte. Hierbei fokussiert sich ein Unternehmen auf spezielle Marktnischen, d. h. „eine bestimmte Abnehmergruppe, einen bestimmten Teil des Produktprogramms oder einen geografisch abgegrenzten Markt" (Porter 2013, S. 77). Ziel ist es also, sich auf vereinzelte Segmente zu konzentrieren, dort stark zu sein und überdurchschnittliche Renditen zu erwirtschaften (bei limitierter Marktgröße). Diese Stärke wird dann aber wiederum über Kostenführerschaft oder Differenzierung gewonnen.

Voraussetzungen für die Konzentrationsstrategie gibt es nach Porter keine eigenen. Vielmehr ist es eine Mischung aus den beiden anderen Strategietypen – abgestimmt auf das Zielobjekt/Segment.

Das Risiko der Konzentration besteht im Wesentlich darin, dass die Abgrenzung des Zielobjektes zum Gesamtmarkt verschwimmt. So könnte sich die Nachfrage des Segments an die Nachfrage der Branche angleichen, wodurch der Markt und somit das Geschäftsfeld des fokussierten Unternehmens in Gefahr gerät. Daneben könnten auch neue Konkurrenten in demselben Zielobjekt aktiv werden und sich ev. sogar noch weiter fokussieren. Es zeigt sich also, dass eine solide Abgrenzung des Marktes bei der Nischenstrategie von erheblicher Bedeutung ist. Zudem sprechen Kröger et al. (2006, S. 21) Nischenanbietern wegen Branchenkonsolidierungen nur geringe Überlebenswahrscheinlichkeiten zu, obgleich das Nischendasein in der externen Kommunikation populär zu sein scheint.

Vorgehensweise

Das Modell ist weniger ein Instrument im engeren Sinn, für dessen Anwendung eine Handlungsanleitung zu geben wäre. Vielmehr geht es um das Verständnis, dass Strategien eine eindeutige Positionierung des Unternehmens unterstützen sollen – ein Kernthema in der Strategieentwicklung. Nichtsdestotrotz können aus den dargestellten Voraussetzungen Kriterien abgeleitet werden, die bei der Bestimmung des Strategietyps helfen. Paul und Wollny (2020, S. 290 f.) geben zudem drei indikative Empfehlungen ab:

1. Allgemeine Wettbewerbsvorteile und ein großer Kundenkreis sprechen für eine branchenweite Strategie (Differenzierung oder Kostenführerschaft).
2. Ein breites Angebot, hoher Marktanteil und Kostenvorteile bei durchschnittlicher Produktqualität sprechen für eine Kostenführerschaft.
3. Ein breites Angebot, mittelmäßiger Marktanteil ohne klare Kostenvorteile sowie Abnehmer mit hoher Zahlungsbereitschaft sprechen für eine Differenzierung.

Beispiel

Die Vy Technologie GmbH verfügt über eine hohe Innovationskraft in ihren vier wesentlichen Produktbereichen und stellt qualitativ hochwertige und zuverlässige Lösungen in den Vordergrund. Wegen der Größe der KFZ-Branche gibt es viele (potenzielle) Kunden, mit denen oft intensiv kooperiert wird. Diese werden insbesondere mit hohem Technologiewissen sowie dem exzellenten Ruf des Unternehmens überzeugt. Daraus resultierend wird eine *Differenzierungsstrategie* angestrebt.◄

4.3   Produkt-Markt-Matrix

Die von Igor Ansoff (1957, 1965) entwickelte Produkt-Markt-Matrix („Ansoff-Matrix") ist ein weiteres sehr nützliches Instrument im Bereich der Strategieformulierung. Konkret werden darin vier inhaltliche Strategieansätze für Wachstum vorgestellt, die sich aus bestehenden und neuen Produkt-Markt-Zusammensetzungen ergeben (siehe Abb. 4.3). Ein Unternehmen soll dann jene Strategie verfolgen, welche die größten Synergien erzeugt. Nach Macharzina und Wolf (2008, S. 341) schafft man das durch den Fokus auf bestehende Produkte und Märkte. Doch die Synergiedimension sollte weiter gefasst werden: Die Attraktivität der Optionen ist nach bestimmten Kriterien und abhängig vom Unternehmen zu bewerten, wie sich in Kürze zeigt.

Die vier generischen Stoßrichtungen lassen sich wie folgt umschreiben (Macharzina und Wolf 2008, S. 339 f.):

Marktdurchdringung Bei der Marktdurchdringung wird mit der bestehenden Produktpalette versucht, den Marktanteil im Kerngeschäft zu erhöhen. Dabei stehen Marketing und Vertrieb im Vordergrund, um die Kunden für die Produkte zu gewinnen. Zu den abzuleitenden Maßnahmen zählen verstärkte Werbung, Kauf auf Probe, neue Verpackungen, Preisnachlässe, Differenzierung von Konkurrenzprodukten sowie die Nutzung weiterer Vertriebskanäle.

Produktentwicklung Unter Produktentwicklung versteht man die Erweiterung des Sortiments im bestehenden Markt durch neue Produkte oder Produkteigenschaften (Sortimentsbreite und -tiefe). Auch hier soll der Marktanteil erhöht werden, allerdings mit starker Beteiligung von F&E und dem Blick für Marktlücken. Inkludiert ist die Veränderung von Funktion, Qualität oder Erscheinung.

		Produkt	
		Bestehend	Neu
Markt	Bestehend	*Marktdurchdringung*	*Produktentwicklung*
	Neu	*Marktentwicklung*	*Diversifikation*

Abb. 4.3 Produkt-Markt-Matrix. (Quelle: nach Macharzina und Wolf 2008, S. 339)

Marktentwicklung Der Strategietyp Marktentwicklung zielt darauf ab, mit dem bestehenden Produktportfolio neue Märkte zu erschließen. Das bezieht sich nicht nur auf neue Marktsegmente im Sinne von Kundengruppen, sondern auch auf andere Regionen (z. B. Internationalisierung).

Diversifikation Die Kombination von neuen Produkten und neuen Märkten spiegelt sich in der Diversifikation wider. Die naheliegendste Form ist die vertikale Integration innerhalb der Branche (Vorwärtsintegration in Richtung Kunden, Rückwärtsintegration in Richtung Lieferanten). Darüber hinaus gibt es die konzentrische Diversifikation und Konglomerate, wenn neue Branchen betreten werden (Welge et al. 2017, S. 607).

Vorgehensweise (Paul und Wollny 2020, S. 285 f.)

1. *Beschreibung und Ausgangslage:* Zunächst sollten die bestehenden Produkte und Märkte des Unternehmens klar beschrieben werden. Ebenso hilft es, die Stärken und Schwächen sowie strategischen Ziele für die Organisationseinheit zu kennen.
2. *Brainstorming der Optionen:* Funktionsübergreifend (v. a. mit Marketing, F&E, Produktion, Controlling und Unternehmensentwicklung) sollen im Workshopformat Optionen für die vier unterschiedlichen Strategietypen definiert werden.
3. *Bewertung der Optionen:* Vor der tatsächlichen Bewertung dieser Optionen werden entsprechende Zielkriterien festgelegt – Synergiepotenziale, Risiko, Rendite, Ressourcenaufwand und Wettbewerbsvorteile zählen dabei zu den wichtigsten. Sind die Kriterien klar, werden die vier Optionen bzw. Strategien danach bewertet, wodurch die zu verfolgende Stoßrichtung ersichtlich wird.

Beispiel

Siehe Tab. 4.1◄

4.4   Strategiediamant

Als letztes und für das Verständnis und die Entwicklung von Strategien wohl wichtigste Instrument wird der Strategiediamant vorgestellt. Dieses Modell wurde

Tab 4.1 Wachstumsoptionen für Vy Technologie. (Quelle: Autor)

Marktdurchdringung:	Produktentwicklung:	Marktentwicklung:	Diversifikation:
• Stärkere Differenzierung ggü. Konkurrenzprodukten • Zusätzliches Marketing (auch in Richtung OEM) • Verkaufsförderung durch Partneraktionen	• Weiterentwicklung der Produkte nach Bedürfnissen der Endkunden (Marktforschung) • Einführung unterschiedlicher Qualitätsstufen • Herstellung von Volumensensoren	• Eintritt in den italienischen KFZ-Markt • Absatz der Produkte im nicht-projektbasierten Maschinen- und Anlagenbau	• Vorwärtsintegration in Richtung Tachometer-Module • Anbieter für Weiterbildungen im Bereich Sensortechnik

Reihung der attraktivsten Optionen (nach den Kriterien Synergien mit bestehendem Geschäft, Net Present Value und Risiko):

1. Einführung unterschiedlicher Qualitätsstufen
2. Eintritt in den italienischen KFZ-Markt
3. Herstellung von Volumensensoren

2001 von Donald Hambrick und James Fredrickson publiziert und liefert deutliche Empfehlungen, welche inhaltlichen Teile eine Strategie ausmachen. So sind es die fünf Elemente *Arenas, Vehicles, Differentiators, Staging* und *Economic Logic*, die gemeinsam und aufeinander abgestimmt den Strategiediamanten bilden (siehe Abb. 4.4). Diese werden nachfolgend in Anlehnung an Hambrick und Fredrickson (2001, S. 50 ff.) beschrieben.

A) Arenen Das erste Element, Arenen, soll Auskunft darüber geben, in welchen Bereichen ein Unternehmen grundsätzlich tätig sein möchte. Umfasst sind Produktkategorien, Marktsegmente, geografische Bereiche, aber auch Kerntechnologien und Aktivitäten der Wertschöpfungskette. Wichtig ist, dass diese Inhalte präzise definiert und auch Schwerpunkte gesetzt werden, um etwa die Bedeutung einer Produktkategorie hervorzuheben.

B) Vehikel Auf Basis der inhaltlichen Eckpunkte soll im zweiten Schritt der Modus dafür festgelegt werden, d. h. wie schafft man den Übergang in die Zielarenen. Hier ist auch die Brücke zu den zuvor dargestellten Produkt-Markt-Strategien

Abb. 4.4 Strategiediamant.
(Quelle: nach Hambrick
und Fredrickson 2001,
S. 51)

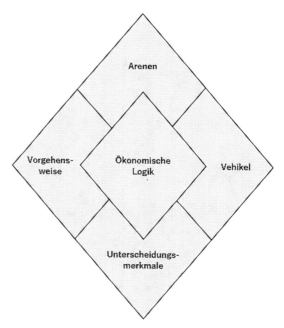

zu schlagen, denn bleibt man in Kernmärkten, werden eher unternehmensinterne Entwicklungen zum Ziel führen. Im Falle von Diversifizierung stehen wiederum Akquisitionen, Joint Ventures oder Franchising im Vordergrund.

C) Unterscheidungsmerkmale Das Element Unterscheidungsmerkmale beschäftigt sich mit der Frage, wie man den Wettbewerb dominiert. Als zentrale Faktoren werden Image, Preis, Design, Kundenanpassung und Produktzuverlässigkeit genannt. Wichtige Hinweise liefern darüber hinaus die generischen Strategien.

D) Vorgehensweise Ebenfalls zur Strategie gehören Gedanken zur Vorgehensweise, also mit welcher Geschwindigkeit und Handlungssequenz die Ziele erreicht werden sollen. Weder sind strategische Initiativen gleich wichtig, noch dauern sie ähnlich lange in der Umsetzung. Auch im Hinblick auf die vorhandenen Ressourcen und gegenseitigen Abhängigkeiten ist sonach zu planen, welche Schritte wann zu setzen sind. Eine Planung in Etappen ist oft sehr nützlich.

E) Ökonomische Logik Im Zentrum des Diamanten steht schließlich die ökonomische Logik und signalisiert damit die hohe Relevanz einer nachhaltigen Gewinnerwirtschaftung. Dieses Element ist speziell mit dem dritten verbunden, da langfristige Gewinne typischerweise auf die Kostenführerschaft oder Differenzierung zurückzuführen sind. Wichtig ist, ein klares Verständnis darüber zu haben, wie die Wettbewerbs- und somit ökonomische Position abgesichert werden kann.

Vorgehensweise

Da der Strategiediamant einen Rahmen für das fertige Strategieprodukt liefert, liegt die Vorgehensweise in der Erarbeitung der fünf Elemente. Sinnvoll ist es, sich dabei an der obigen Reihenfolge zu orientieren.

Beispiel

Strategiediamant für Vy Technologie:

1. *Arenen:* Fokus auf Kerngeschäft (vier Segmente, DACH-Region, OEM & Tier 1); Aufbau eines Volumensensorgeschäftes; Eintritt in italienischen Markt

2. *Vehikel:* Förderung des Kerngeschäftes mittels entsprechender Schwerpunkte in der Produktentwicklung; Markteintritt Italien über Exporte und eine Vertriebsniederlassung (Joint Venture-Option)

3. *Unterscheidungsmerkmale:* Klare Differenzierungsstrategie mit den Eckpunkten Produktqualität und -zuverlässigkeit, Kundenorientierung sowie Reputation

4. *Vorgehensweise:* Start der Produkt- und Marktentwicklungen sofort; Fokus auf Volumensensoren nach Akquise (und Finanzierung) entsprechender Kompetenzen (Rekrutierung oder Kooperation) in zwei Jahren

5. *Ökonomische Logik:* Entwicklungskooperationen und langfristige Lieferverträge mit Kunden ermöglichen Abhängigkeit („Lock-in") und regelmäßige Umsätze◄

Strategiebewertung und Ausblick 5

Ist eine Strategie fertig entwickelt, so sollte man sie vor Beginn ihrer Umsetzung noch einmal testen. Aufbauend auf den Strategiediamanten stellen Hambrick und Fredrickson (2001, S. 59) hierfür sechs Fragenkomplexe bereit:

1. Passt die Strategie zu den aktuellen Entwicklungen der Umwelt?
   - Gibt es in den angestrebten Märkten nachhaltige Gewinnpotenziale?
   - Werden die Schlüsselerfolgsfaktoren der Branche berücksichtigt?
2. Zieht die Strategie einen Nutzen aus den wichtigsten Ressourcen und Kernkompetenzen?
   - Werden Wettbewerbsvorteile gegenüber Konkurrenten ausgebaut?
   - Kann die Strategie von uns besser verfolgt werden als von anderen Unternehmen?
3. Werden die geplanten Unterscheidungsmerkmale nachhaltig sein?
   - Werden Konkurrenten beim Imitieren Probleme haben?
   - Ist die Strategie auf kontinuierliche Innovation und Opportunitäten ausgelegt?
4. Sind die Elemente der Strategie konsistent untereinander?
   - Wurden die Elemente des Strategiediamanten inhaltlich berücksichtigt?
   - Passen die Elemente zusammen und verstärken sich gegenseitig?
5. Gibt es ausreichend Ressourcen, um die Strategie zu realisieren?
   - Sind genügend Geld, Zeit, Know-how sowie weitere Fähigkeiten zur Verwirklichung der Ziele vorhanden?
   - Ist sichergestellt, dass trotz Ressourcenstreuung alle strategischen Maßnahmen in vollem Umfang umgesetzt werden können?
6. Ist die Strategie umsetzbar?

© Der/die Autor(en), exklusiv lizenziert durch Springer Fachmedien Wiesbaden GmbH, ein Teil von Springer Nature 2020
W. Ehringer, *Instrumente zur Strategieentwicklung*, essentials,
https://doi.org/10.1007/978-3-658-32688-3_5

- Werden die wichtigsten Stakeholder, v.a. Kunden, die Strategierealisierung zulassen?
- Ist die Organisation dazu in der Lage, den Wandel zu vollziehen?
- Kann und will das gesamte Management-Team die erforderlichen Veränderungen treiben?

Die Bejahung dieser Fragen und Unterfragen bestätigt die Effektivität der entwickelten Strategie bzw. hilft bei der Auswahl zwischen mehreren Strategieoptionen. Ist die Strategie bereit, so folgt die Implementierungsphase, in der es methodisch stärker in Richtung Projektmanagement, Change-Management und Controlling geht.

Hinsichtlich der Strategieebenen stand bei den hier vorgestellten Instrumenten eine Geschäftsfeldstrategie im Vordergrund. Sie setzt sich damit auseinander, wie Unternehmen Märkte erfolgreich bearbeiten können. Gibt es in einem Unternehmen mehrere Geschäftsbereiche mit entsprechenden Strategien, so ist die Entwicklung einer übergeordneten Konzernstrategie (Unternehmensstrategie i.e.S.) sinnvoll. Dabei liegt der Schwerpunkt auf dem Portfolio und der Wertsteigerung durch optimale Ressourcenallokation. Zu den wichtigsten dazugehörigen Tools zählen die Szenarioanalyse, Stakeholder-Analyse, BCG-Matrix und McKinsey-Matrix – auch einige Modelle dieses Essentials können wertvollen Input auf Konzernebene leisten.

Was Sie aus diesem *essential* mitnehmen können

- Ein präzises Verständnis von Strategie und ihren unterschiedlichen Ebenen (Netzwerk, Unternehmen, Geschäftsfeld, Funktion)
- Wissen über den Strategieprozess, der sich im Wesentlichen in die Analyse, Formulierung, Implementierung und Kontrolle gliedert
- Instrumente zur Analyse der Umweltebenen: PESTEL-Analyse, Branchenstrukturanalyse, Strategische Gruppen und Konkurrenzanalyse
- Instrumente zur Analyse des Unternehmens: 7-S-Modell, Kernkompetenzen und Wertschöpfungskette
- Instrumente zur Strategieformulierung: SWOT/TOWS, generische Wettbewerbsstrategien, Produkt-Markt-Matrix und Strategiediamant

© Der/die Herausgeber bzw. der/die Autor(en), exklusiv lizenziert durch Springer Fachmedien Wiesbaden GmbH, ein Teil von Springer Nature 2020
W. Ehringer, *Instrumente zur Strategieentwicklung,* essentials,
https://doi.org/10.1007/978-3-658-32688-3

Anhang

© Der/die Herausgeber bzw. der/die Autor(en), exklusiv lizenziert durch
Springer Fachmedien Wiesbaden GmbH, ein Teil von Springer Nature 2020
W. Ehringer, *Instrumente zur Strategieentwicklung*, essentials,
https://doi.org/10.1007/978-3-658-32688-3

Tab. A.1 Merkmale der Unternehmensanalyse. (Quelle: in Anlehnung an Brownlie 1989; Grant 2016; Grünig und Kühn 2018; Hinterhuber 2015; Paul und Wollny 2020; Welge et al. 2017)

Bereich	Ergebnisse und Qualität	Ressourcen und Kosten	Zeit und Flexibilität
Allgemein	• Reputation • Beziehungen zu Anspruchsgruppen • Vertikale Integration • Horizontale Integration • Wachstum • Qualität der Strategien	• Kernkompetenzen • Allgemeine Synergie-Effekte • Publizitätspflichten	• Reaktionsfähigkeit auf neue Entwicklungen • Kooperationsfähigkeit
Produkte/Dienstleistungen	• Sortimentsbreite • Sortimentstiefe • Zubehör • Qualität • Design • Technische Leistungsfähigkeit • Serviceangebot • Servicequalität • Zertifikate • Reklamationen • Wartungsbedarf	• Produktstückkosten • Kosten kundenspezifischer Produkte • Kosten über den gesamten Lebenszyklus des Produkts • Preis-/Leistungsverhältnis	• Anteil neuer Produkte • Produktlebenszyklus • Flexibilität gegenüber Kundenwünschen • Schnelligkeit bei Inbetriebnahme • Bedienfreundlichkeit
Organisation	• Organisationsstruktur • Unternehmenskultur • Werteorientierung • Projektmanagement • Prozessmanagement • Wissensmanagement	• Unternehmensbezogene Zertifikate • Synergien in der Organisation • Digitalisierung und Systemunterstützung	• Flexibilität • Fähigkeit zur Selbstorganisation • Lernfähigkeit • Teamarbeit/Gruppenarbeit • Transparenz in der Kommunikation

(Fortsetzung)

Tab. A.1 (Fortsetzung)

Bereich	Ergebnisse und Qualität	Ressourcen und Kosten	Zeit und Flexibilität
Finanzen und Controlling	• Umsatz • Gewinn/Profitabilität • Strukturkosten • Cashflows • Working Capital • Geldumschlagsdauer • Finanzkraft der Eigentümer • Dividendenpolitik • Subventionen • Aktienkurs bzw. Marktwert des Unternehmens	• Systeme für Cashflow-Management, Finanzprognosen und Rechnungswesen • Kosten des Eigen- und Fremdkapitals • Kostenmanagement • Bestandsbewertung	• Liquidität • Vermögensstruktur • Kapitalstruktur und Verschuldung • Rücklagen • Zugriff auf unterschiedliche Finanzierungen • Kreditbeurteilungen
Forschung und Entwicklung	• Patente • Produktinnovationen • Prozessinnovationen • Einnahmen aus Patenten, Lizenzen • Neuprodukte	• F&E-Einrichtungen (Standorte und Ausstattung) • F&E-Budget • F&E-Personal (Qualität und Quantität)	• Entwicklungsdauer • Aktive Kooperationen • Technologische Prognosefähigkeiten
Einkauf und Logistik	• Lieferantenbasis • Versorgungssicherheit • Rohstoffqualität • Attraktivität für Lieferanten • Innovation in der Beschaffung • Verhandlungsstärke	• Beschaffungskosten • Preis-/Leistungsverhältnis • Lagerkosten • Kapitalbindung • Logistikkosten • Fehlmengenkosten	• Lieferfähigkeit • Lieferflexibilität • Lieferzeit • Liefertreue • Umschlagshäufigkeit • Kontrolle der Bestände • Effiziente Bestellprozesse

(Fortsetzung)

Tab. A.1 (Fortsetzung)

Bereich	Ergebnisse und Qualität	Ressourcen und Kosten	Zeit und Flexibilität
Produktion	• Prozessqualität • Technologie • Know-how • Produktivität • Umweltfreundlichkeit • Ressourcenbedarf • Kapazitäten • Kapazitätsnutzung • Produktionsplanung und -steuerung • Ausschuss • Qualitätsmanagement	• Standorte und Standortvorteile • Ausstattung • Automatisierung • Skaleneffekte • Produktionskosten • Investitionen • Abschreibungen	• Durchlaufzeiten • Mengenflexibilität • Flexibilität im Hinblick auf Qualität • Komplexität der Produktvarianten
Marketing und Vertrieb	• Marktanteil und -durchdringung • Positionierung • Kundenzufriedenheit • Markenimage • Markenbekanntheit • Markentreue • Kundenstamm • Neukundenakquise • Marktkenntnis • (Proaktives) After-Sales-Service • (Reaktiver) Kundendienst • Qualität der Werbung • Social Media-Präsenz • Vertriebskanäle • eCommerce • Exportrate	• Vertriebsnetzwerk • Servicenetzwerk • Lagerstandorte • Institutionelle Marktforschung • Marketingbudget • Vertriebsbudget • Markenkosten	• Lieferfähigkeit • Lieferflexibilität • Lieferzeit • Liefertreue

(Fortsetzung)

Tab. A.1 (Fortsetzung)

Bereich	Ergebnisse und Qualität	Ressourcen und Kosten	Zeit und Flexibilität
Führung	• Interessen und Fähigkeiten des Managements • Managementerfahrung • Managementqualität • Entscheidungskompetenz • Strategiekompetenz	• Managementsysteme • Verhältnis des Managements zu den Mitarbeitern (ausreichende Managementebenen) • Managementkosten	• Belastbarkeit der Führungskräfte
Personal	• Motivation • Zufriedenheit • Qualifikation • Erfahrung • Betriebsklima • Attraktivität für neue Mitarbeiter • Arbeitgebermarke/Employer Branding • Fluktuationsrate • Produktivität • Qualität der Weiterbildung	• Personalstruktur • Fehlquote • Betriebsunfälle • Anreizsysteme • Personalkosten • Weiterbildungsangebot und -budget	• Entwicklungsfähigkeit • Flexibilität der Mitarbeiter • Zeitbedarf für Personalanpassungen

Literatur

Andrews, K. R. (1971). *The Concept of Corporate Strategy.* Homewood, Ill.: Dow Jones-Irwin.

Angwin, D., Cummings, S., & Smith, C. (2011). *The Strategy Pathfinder. Core Concepts and Live Cases* (2. ed.). Chichester, West Sussex: Wiley.

Ansoff, H. I. (1957). Strategies for Diversification. *Harvard Business Review, 35*(5), 113-124.

Ansoff, H. I. (1965). *Corporate Strategy. An Analytic Approach to Business Policy for Growth and Expansion.* New York: McGraw-Hill.

Ansoff, H. I. (1975). Managing Strategic Surprise by Response to Weak Signals. *California Management Review, 18*(2), 21-33.

Arend, R. J., Zhao, Y. L., Song, M., & Im, S. (2017). Strategic Planning as a Complex and Enabling Managerial Tool. *Strategic Management Journal, 38*(8), 1741-1752.

Barney, J. B. (1991). Firm Resources and Sustained Competitive Advantage. *Journal of Management, 17*(1), 99-120.

Barney, J. B. (1995). Looking inside for competitive advantage. *Academy of Management Executive, 9*(4), 49-61.

Barney, J. B., & Hesterly, W. S. (2008). *Strategic Management and Competitive Advantage. Concepts* (2. ed.). Upper Saddle River, NJ: Pearson Prentice Hall.

Bleicher, K. (1991). *Organisation. Strategien – Strukturen – Kulturen* (2. vollständig neu bearb. und erw. Aufl.). Wiesbaden: Gabler.

Bowman, C., & Faulkner, D. O. (1997). *Competitive and Corporate Strategy.* London: Irwin.

Brownlie, D. T. (1989). Scanning the Internal Environment: Impossible Precept or Neglected Art? *Journal of Marketing Management, 4*(3), 300-329.

Chandler, A. D. (1962). *Strategy and Structure: Chapters in the History of the American Industrial Enterprise.* Cambridge, Mass.: MIT Press.

Cummings, S. (1993). Brief Case: The First Strategists. *Long Range Planning, 26*(3), 133-135.

D'Aveni, R. A. (1995). *Hyperwettbewerb. Strategien für die neue Dynamik der Märkte.* Frankfurt: Campus Verlag.

© Der/die Herausgeber bzw. der/die Autor(en), exklusiv lizenziert durch Springer Fachmedien Wiesbaden GmbH, ein Teil von Springer Nature 2020
W. Ehringer, *Instrumente zur Strategieentwicklung,* essentials,
https://doi.org/10.1007/978-3-658-32688-3

Daft, R. L. (2016). *Organization Theory & Design* (12. ed.). Boston, MA: Cengage Learning.

De Wit, B., & Meyer, R. (2010). *Strategy Synthesis: Resolving Strategy Paradoxes to Create Competitive Advantage* (3. ed.). Andover: Cengage Learning EMEA.

Ehringer, W. (2019). *Strategisches Management und Neo-Institutionalismus. Legitimität als Quelle für unternehmerische Wettbewerbsvorteile.* Wiesbaden: Springer Gabler.

Fahey, L., & Narayanan, V. K. (1986). *Macroenvironmental Analysis for Strategic Management.* St. Paul: West.

Farmer, R. N., & Richman, B. M. (1965). *Comparative Management and Economic Progress.* Homewood, Ill.: Irwin.

Fischer, T. M. (1993). *Kostenmanagement strategischer Erfolgsfaktoren. Instrumente zur operativen Steuerung der strategischen Schlüsselfaktoren Qualität, Flexibilität und Schnelligkeit.* München: Vahlen.

Gadiesh, O., & Gilbert, J. L. (1998). Profit Pools: A Fresh Look at Strategy. *Harvard Business Review, 76*(3), 139-147.

Gälweiler, A. (2005). *Strategische Unternehmensführung* (3. Aufl.). Frankfurt: Campus Verlag.

Gluck, F. W. (1980). Strategic Choice and Resource Allocation. *The McKinsey Quarterly, 1*(1), 22-34.

Grant, R. M. (2016). *Contemporary Strategy Analysis. Text and Cases* (9. ed.). Chichester, West Sussex: Wiley.

Grant, R. M., & Jordan, J. (2015). *Foundations of Strategy* (2. ed.). Chichester, West Sussex: Wiley.

Grant, R. M., & Nippa, M. (2006). *Strategisches Management. Analyse, Entwicklung und Implementierung von Unternehmensstrategien* (5. akt. Aufl.). München: Pearson Studium.

Grünig, R., & Kühn, R. (2018). *The Strategy Planning Process. Analyses, Options, Projects* (2. ed.). Berlin: Springer-Verlag.

Guerras-Martín, L. Á., Madhok, A., & Montoro-Sánchez, Á. (2014). The evolution of strategic management research: Recent trends and current directions. *Business Research Quarterly, 17*(2), 69-76.

Hambrick, D. C., & Fredrickson, J. W. (2001). Are you sure you have a strategy? *Academy of Management Executive, 15*(4), 48-59.

Hamel, G., & Prahalad, C. K. (1994). *Competing for the Future.* Boston, Mass.: Harvard Business School Press.

Harburger, W. (2019). *Die Logik der Strategieentwicklung. Strategische Konzepte und Instrumente nachhaltig einsetzen.* Wiesbaden: Springer Gabler.

Hinterhuber, H. H. (2015). *Strategische Unternehmensführung. Das Gesamtmodell für nachhaltige Wertsteigerung* (9. völlig neu bearb. Aufl.). Berlin: Erich Schmidt Verlag.

Homburg, C. (2000). *Quantitative Betriebswirtschaftslehre. Entscheidungsunterstützung durch Modelle* (3. überarb. Aufl.). Wiesbaden: Gabler.

Hoyt, J., & Sherman, H. (2004). Strategic groups, exit barriers and strategy decision constraints in high-tech companies. *Journal of High Technology Management Research, 15*(2), 237-247.

Hunt, M. S. (1972). *Competition in the Major Home Appliance Industry* (Unpublished doctoral dissertation). Harvard University, Cambridge, Mass.

Kröger, F., Vizjak, A., & Ringlstetter, M. (2006). *Wachsen in Nischen. 9 Strategien in der globalen Konsolidierung.* Weinheim: WILEY-VCH.

Macharzina, K., & Wolf, J. (2008). *Unternehmensführung. Das internationale Managementwissen. Konzepte – Methoden – Praxis* (6. vollständig überarb. und erw. Aufl.). Wiesbaden: Gabler.

Madsen, D. Ø. (2016). SWOT Analysis: A Management Fashion Perspective. *International Journal of Business Research, 16*(1), 39-56.

McGee, J., & Thomas, H. (1986). Strategic Groups: Theory, Research and Taxonomy. *Strategic Management Journal, 7*(2), 141-160.

Messerer, M. (2012). *Holistische Strategiearbeit. Ganzheitliche Strategien effektiv umsetzen.* Wiesbaden: Springer Gabler.

Mintzberg, H. (1987). The Strategy Concept I: Five Ps For Strategy. *California Management Review, 30*(1), 11-24.

Mintzberg, H., Ahlstrand, B., & Lampel, J. (2009). *Strategy Safari. The complete guide through the wilds of strategic management* (2. ed.). Harlow: FT Prentice Hall.

Müller-Stewens, G., & Lechner, C. (2016). *Strategisches Management. Wie strategische Initiativen zum Wandel führen* (5. überarb. Aufl.). Stuttgart: Schäffer-Poeschel.

Nagel, R., & Wimmer, R. (2014). *Systemische Strategieentwicklung. Modelle und Instrumente für Berater und Entscheider* (6. akt. und erg. Aufl.). Stuttgart: Schäffer-Poeschel.

Paul, H., & Wollny, V. (2020). *Instrumente des strategischen Managements. Grundlagen und Anwendung* (3. überarb. und erw. Aufl.). Berlin: De Gruyter Oldenbourg.

Peters, T. J., & Waterman, R. H. (2006). *In Search of Excellence: Lessons from America's Best-Run Companies.* New York: Harper Collins.

Porter, M. E. (1979). The Structure within Industries and Companies' Performance. *The Review of Economics and Statistics, 61*(2), 214-227.

Porter, M. E. (1980). *Competitive Strategy. Techniques for Analyzing Industries and Competitors.* New York: Free Press.

Porter, M. E. (1985). *Competitive Advantage. Creating and Sustaining Superior Performance.* New York: Free Press.

Porter, M. E. (2013). *Wettbewerbsstrategien. Methoden zur Analyse von Branchen und Konkurrenten* (12. akt. und erw. Aufl.). Frankfurt: Campus Verlag.

Porter, M. E. (2014). *Wettbewerbsvorteile. Spitzenleistungen erreichen und behaupten* (8. durchges. Aufl.). Frankfurt: Campus Verlag.

Rasche, C. (1994). *Wettbewerbsvorteile durch Kernkompetenzen. Ein ressourcenorientierter Ansatz.* Wiesbaden: Gabler.

Schneemann, P. (2019). *Different Perspectives on Strategizing: Theory and Practical Use of Strategy Tools* (Unpublished doctoral dissertation). London Southbank University, London.

Thompson, A. A., & Strickland, A. J. (2003). *Strategic Management. Concepts and Cases* (13. ed.). Boston, Mass.: McGraw-Hill.

Ungericht, B. (2012). *Strategiebewusstes Management. Konzepte und Instrumente für nachhaltiges Handeln.* München: Pearson.

Von der Gathen, A. (2014). *Das große Handbuch der Strategieinstrumente. Werkzeuge für eine erfolgreiche Unternehmensführung* (3. akt. und erw. Aufl.). Frankfurt am Main: Campus Verlag.

Waterman, R. H., Peters, T. J., & Phillips, J. R. (1980). Structure is not Organization. *Business Horizons, 23*(3), 14-26.

Weihrich, H. (1982). The TOWS Matrix – A Tool for Situational Analysis. *Long Range Planning, 15*(2), 54-66.

Welge, M. K., Al-Laham, A., & Eulerich, M. (2017). *Strategisches Management. Grundlagen – Prozess – Implementierung* (7. überarb. und akt. Aufl.). Wiesbaden: Springer Gabler.

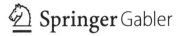

Printed in the United States
By Bookmasters